仁者无敌

张奇伟 教授解读 《孟子》

名家解读 当代 经典 传统文化

中国青年出版社

编者的话

中华文化博大精深，国学是中国文化的精神与命脉，也是中华文化传承数千年的重要载体，蕴藏着中国五千年历史中的智慧精髓。国学经典不仅是中国悠久传统文化的明证，也是每一个中国人的立身处世之本，更是我们不可或缺的精神力量。国学经典中承载的"仁义忠恕孝悌礼信"的道德伦理观，构成了中华传统文化的核心价值体系，对于我们处理人与人、人与社会、人与自然的关系，至今仍具有现实指导意义。全国各地许多中小学校正在青少年学生中开展国学经典诵读活动，倡导青少年学生学习国学经典，让这些传统美德根植于青少年学生幼小的心灵，这也是提高他们人文素养的重要途径。

当今这个全球化时代，不光需要西方的律法精神，也需要东方的德教智慧，人类的未来不能由哪方面单独说了算，而应该由全世界最聪明睿智的至诚之人说了算。中国在科技、军事、经济、文化的崛起，必须立足于自己扎根的土地，从自己原点上的崛起才是真正的和平崛起。

国学经典已经流传了几千年，不得不承认现代人阅读起来确实有点困难，尤其是青少年，需要加以适当的辅导。《传统文化经典 当代名家解读》丛书精选《考试在线》电视频道"国学大讲堂"栏目中的国学书籍，由知名教授以严谨的治学态度和广博的知识积累娓娓道来，深入浅出地普及国学经典的学术主张、精神境界和对后世的影响。

不同于市面上的国学书简单的古文今译，《传统文化经典 当代名家解读》丛书着重致力于由大师以深厚的功力对国学知识通俗易懂的解读，力求做到雅俗共赏，还专门针对青少年的特点，特别增加了许多图片和小故事,讲了很多典故和成语的来龙去脉,读起来趣味横生,不仅让人觉得长知识,而且读起来毫不费劲,能读得进去,原来读国学也可以不用那么认真严肃的。

目 录

第一章　何必曰利

《孟子》是中国历史上一本非常著名的书。中国历史上有《四书》《五经》,《四书》包括《论语》《中庸》《大学》《孟子》,《孟子》是其中一本。

孟子

孟子是中国历史上一个很伟大的思想家、哲学家,他生活在距今2300多年的战国中期,他的家在当时的邹国,也就是现在的山东邹城市。孟子小的时候家境非常贫苦,因为父亲死得早,母亲拉扯他长大很不容易。孟子母亲很注意对孩子的培养,所以就给我们留下了很多的故事,比如《三字经》里谈道:"昔孟母,择邻处,子不学,断机杼。"这里就讲了两个故事,一个是"择邻处",就是孟母三迁,一个是"断机杼",孟母把织布机上的布给铰断了。这两个故事都说明了孟母注重对孩子良好的早期教育。

择邻处

早先的时候,孟子和母亲住在一个靠近坟场的地方,坟场里经常吹吹打打,埋葬死人。孟子很小就喜欢看热闹,不去学习。孟母看到这种情况很着急,就把家搬到了城里。搬到了城里后,新家附近有一个铁匠铺,整天叮叮当当地打铁,又引起了小孟子的好奇心,他整天跑到铁匠铺门口,看人家怎么打铁。孟母再一次搬家。这次搬到了一个学堂附近,学堂里传来朗朗的读书声,这下吸引了孟子的兴趣,从此孟子有了一个理想的学习环境。

断机杼

有一天,孟母正在家里织布机上织布,孟子逃学了,还没到下课的时候就悄悄地回来了,孟母一看,非常生气,她拿起剪刀就把织布机上快要织好的一匹布从中间铰断了,然后把剪子一扔,哭起来。孟子一看母亲哭了,吓得够呛,也哭起来。孟子问母亲为什么要这样,孟母就告诉他,学习要持之以恒,如果坚持不下去,就跟这块布一样,都快织完了,但是从中间断了,将一事无成。孟子受到了震撼,从此再也没有逃学。

除了母亲的谆谆教导,还有一个人对孟子的思想产生了深刻的影响,以至于他终生追随这个人的思想,宣传并发展他的学说,这个人就是孔子。

在孟子出生前一个世纪,鲁国生活着一个有名的人物——孔子,孔子创立的儒家门派在那里盛极一时,这种注重礼节和自身修养的门派吸引了很多人前

孟母断机杼

来学习。年轻的孟子怀着求知的热情和朝气,来到了孔子的家乡,潜心学习孔子的思想。他很早就对孔子产生了很大的兴趣,孔子的思想和孔子的学生对他影响很大,但是他生活的年代离孔子已经一百多年了,他不可能做孔子的弟子,于是就拜孔子的孙子的学生为老师,向他们虚心学习儒家的思想和礼仪制度,成为一个很著名的学者。后来,他也像孔子一样招收学生,传授他所学的儒家思想,同时他带领学生周游列国宣传他的思想,希望各国的君主接受他们的思想。他不仅继承了孔子的思想,而且发展了孔子的思想。

在战国中期,各种思想的斗争非常激烈,孟子坚决地捍卫孔子的思想,驳斥各种与孔子思想不同的思想。有人说他好辩,他说我不得不去辩论,我要把孔子思想的大旗高高举起,让它发扬光大。孔子的思想经过了

孟子的宣传,后来真的是发扬光大了,孟子也就由此得名,人们把孟子称作儒家的亚圣,他的书也被编为《四书》之一。在孔子家乡的孔庙中,孟子的塑像就立在孔子的旁边,陪着孔老夫子站立了几千年。

孟子很有个性,他不向权贵低头,坚持大丈夫的气概,堂堂正正地去宣传他的思想。君主不尊重他,他马上就走,可谓文如其人。孟子的事迹和学说被他和他的弟子记录下来,后人把这本书叫作《孟子》。

《孟子》共有三万多字,分为十四篇,记载了孟子的哲学思想、军事思想以及有关经济、道德、传播、文学的思想等。宋代大儒朱熹把《孟子》和《大学》《中庸》《论语》编著成为《四书章句集注》。南宋时,这四本书成为科举考试的教科书。

在文学史上,《孟子》一书被当作是杰出的先秦散文集,整本书气势磅礴,文辞华瞻,而且清丽流畅。它给我们留下了许多传诵千年的名句,比如"民为贵,社稷次之,君为轻""得民心者得天下,失民心者失天下",这给今天的我们以深深的启示:在政治上要依靠民众,要得到民众的拥护。比如"天将降大任于是人也,必先苦其心志,劳其筋骨,饿其体肤,空乏其身",一个人要有气概,要坚持自己的道义,无论怎样艰苦的环境,都要把它当作锻炼自己的好机会。作为大丈夫,要"富贵不能淫,贫贱不能移,威武不能屈",还要有当仁不让的气概,"夫天未欲平治天下也,如欲平治天下,当今之世,舍我其谁也?"

《孟子》一书还有很高妙的辩论技巧。因为在当时激烈的学术争论中,很多思想家和学者都反对孔子的思想,要捍卫孔子的思想,只有跟他们辩论,而且孟子还要宣传自己的主张,让他人来接受自己的思想,就要耐心地去说服他们。所以,孟子用了很多辩论的技巧和比喻来增强说服力,我们今天读《孟子》仍然觉得朗朗上口,很有文采,很有感染力。

第一篇《何必曰利》,开宗明义地讲了儒家一个很重要的思想,就是以义取利,后利先义。

孟子为什么对梁惠王说"何必曰利"呢？在那个新旧交替、动荡不安的时代，孟子渴望寻求一条通往和平与光明的道路来解除人民的痛苦。公元前320年，魏国在马陵会战中溃败，无奈之下，魏国国王梁惠王只有躲避齐国军队，把国都南迁。为了重振魏国，梁惠王向列国发出了求贤的呼声。53岁的孟子听到这个消息后，认为这是实现自己哲学思想的千载难逢的机会，于是他来到了魏国的首都大梁。

孟子见梁惠王。王曰："叟，不远千里而来，亦将有以利吾国乎？"孟子对曰："王！何必曰利？亦有仁义而已矣。"

梁惠王整天想着国家怎么样才能够强大，他问孟子，你来了以后，怎么能够对我的国家有利呢？孟子说，你不要开口就讲利。孟子一句"何必曰利"说得那样干脆和直截了当，也说出了一个很深刻的道理。

王曰："何以利吾国？"大夫曰："何以利吾家？"士庶人曰："何以利吾身？"上下交征利而国危矣！

孟子说，如果全国人民都开口闭口讲利，那这个国家就危险了。"上下交征利"中的"交"是相互的意思，"征"是取的意思。也就是说，君主想着利，大臣们想着利，老百姓想着利，都想着对自己有利，那去哪儿取得利益呢？只能向别人取。

万乘之国，弑其君者，必千乘之家；千乘之国，弑其君者，必百乘之家。万取千焉，千取百焉，不为不多矣。

君要向老百姓取利，臣要向老百姓取利、向君主取利，老百姓就要向官员、向君主取利。那么这样，上下互相争夺利益，国家就危险了。为什么危险？因为大家都想着取利，就不讲社会的秩序了，人民就会犯上作乱。臣就会造反，推翻君主，老百姓就会造反，使得天下大乱。如果换种思路，不这样做，我们讲仁义道德，这样国家就会很安定，大家都会得到利益。因为讲"仁"，就要亲爱自己的父母，遵守孝德；讲"义"，就要尊重自己的君主和长上，就不会犯上作乱，争夺利益的行为就会约束在一定的规范之内，这样天下就会平安了。

苟为后义而先利，不夺不餍。未有仁而遗其亲者也，未有义而后其君者也。王亦曰仁义而已矣，何必曰利？

"苟为后义而先利，不夺不餍"，这里的"餍"是满足的意思。如果一事当前，总把义放在后边，什么都先想着利，那么不满足我的利，我是不会停止的。因为人追求利益的行为是无止境的，人的欲望是无止境的。"未有仁而遗其亲者也，未有义而后其君者也"，人人都想着自己的父母，想着自己的君主，这天下就会安定，人们就会幸福。孟子所说的"何必曰利"，不是反对"利"，而是反对"后义而先利"。

在儒家的哲学思想中，义利之辩是一个很重要的问题。义和利是两种价值取向，都是人们生活、生存和发展所需要的重要价值，这两种价值的位置应该怎么摆呢？一种观点，只讲义不讲利，就是只讲空头的道德、空头的法律、空头的秩序，而不关心人们的利益，不关心人们的生存和发展。还有一种观点，只讲利不讲义，就是唯利是图。显然都是不对的。孟子所代表的儒家告诉我们，利是要讲的，但要先讲义，后讲利，要以义取利。

对于义利之辩，孔子曾说："不义而富且贵，于我如浮云"，如果不按照义的方法取得财富和地位，那我就把它当作浮云一样毫不在乎。后来儒家其他的思想家发展了这一思想，有的甚至说得更绝对一点，西汉的思想家董仲舒就说"正其谊不言其利，名其道不计其功"，"正其谊"就是要申明，要端正义，端正道德规范，不要去谈利。只要明确了道，我们就可以不考虑结果，这种说法有点绝对了。所以后来有的人就说，儒家是不重视利的，是重义轻利的。儒家确实有重义轻利的一面，总的来说儒家是讲究要用正确的方法去取得利益。

孟子的义利之辩，对我们有很多的启示。今天的社会处在一个社会转型的时期，人们都很浮躁。现在我们的市场经济正在建设和完善之中，每个人都面临着发展，也面临着挑战。在这个发展的资源相对不足的情况下，我们如何发展自己，就要有一个义利之辩了。有的人就不讲义，只讲利，就唯利是图，坑蒙拐骗，假冒伪劣，违法乱纪，为了自己的利益什么方法都用。这样的生活态度和行为，显然是为人们所不齿的。正确的方法就要以义去取利，按照正确的方法去取利，就是符合道德、遵守法律的方法。当然，我们的法律也在不断地完善，法律也要保护我们每个人的利益，保护每个人的发展。

取得利益的正确方法，还在于我们在取得个人的利益的时候，应该不损害他人的利益，不损害整个组织的利益，不损害整个国家和民族的利益。而且在取得个人利益的时候，还要想着长远的利益。只有我们的国家和民族富强了，才能保证我们个人的发展，否则我们个人的发展是谈不上的。在今天，我们尤其应该讲以义取利，甚至要重义轻利。

第二章　推恩养民

孟子在魏国时曾多次与梁惠王讨论问题，但是梁惠王并没有马上采纳孟子思想主张的意思，孟子还心存侥幸，想着也许有一天梁惠王会采纳自己的主张。不久梁惠王去世了，梁惠王的儿子梁襄王继位。孟子去拜见梁襄王，感到很失望，于是他就离开魏国，北上来到了齐国。

　　公元前318年，中原地区的韩、赵、魏、燕、楚五个诸侯国组成了五国

　　稷下学宫是世界上第一所由官方举办、私家主持的特殊形式的高等学府。中国学术思想史上不可多见、蔚为壮观的"百家争鸣"就是以齐国稷下学宫为中心的，作为当时百家学术争鸣的中心园地，有力地促成了天下学术争鸣局面的形成。图为稷下学宫遗址碑

联军进攻秦国，试图除掉这个威胁他们安全的秦国。但是五国联军在函谷关被强大的秦军击败，中原五国开始衰落，当时的格局发生了重大改变，只剩下西部的秦国和东方的齐国两个实力大国了。在这样的局势下，齐宣王意识到，只有实施政治改革，进而强大国家，才能免遭中原五国的厄运，从而达到称霸中原的目标。而要实现这一目标，首先要寻找辅助他治理国家的人才。正在这时，孟子来到齐国，住进了稷下学宫。

　　齐宣王问曰："齐桓、晋文之事，可得闻乎？"孟子对曰："仲尼之徒无道桓文之事者，是以后世无传焉，臣未之闻也。无以，则王乎？"

　　齐宣王一见到孟子就问，齐桓公、晋文公的事，你能给我讲点吗？孟子对

孟子见齐宣王

齐桓公、晋文公的事不感兴趣，对五霸的事情避而不谈，而是转了话题，引导齐宣王向他的思路上走。他说，以大王现在的能力，完全可以爱护百姓，从而实行王道，统一天下。

齐宣王很感兴趣，你怎么知道我能这样做呢？孟子说，我听说过一件事情，于是我就知道您能够做到这一点。孟子抓住这件齐宣王不太注意的小事大做文章，巧妙婉转，循循善诱，进行了淋漓尽致的分析，最后让齐宣王真的相信自己能够做到"王天下"。这是一件什么事呢？

曰："臣闻之胡龁曰，王坐于堂上，有牵牛而过堂下者，王见之，曰：'牛何之？'对曰：'将以衅钟。'王曰：'舍之，吾不忍其觳觫，若无罪而就死地。'对曰：'然则废衅钟与？'曰：'何可废也？以羊易之！'——不识有诸？"

孟子说，我听您手下叫胡龁的人说过一件事情。有一天，您坐在朝廷之上，胡龁牵着一头牛从堂下走过。这头牛一边走，一边浑身发抖。大王您见这头牛浑身发抖，就问，你牵牛干什么去呀？胡龁说是去祭钟。因为古代有一个习俗，新铸了钟，都要杀一头牛，把牛血涂在钟上，这是对钟的祭祀。祭祀了以后，钟才能够使用。大王您说，把它放了吧。胡龁问，为什么把它放了呢？大王您说，我不忍心看着这头牛浑身发抖，没有什么罪恶就把它杀掉。胡龁说，那就废了祭钟，不去祭钟了。大王您说，那怎么能行呢？拿只羊祭祀吧。胡龁就把牛放了，换了只羊。孟子问齐宣王，敢问有这事吗？大王说有。孟子说，大王您把一头牛放了，换一只羊，老百姓以为您舍不得一头牛，以为您小气。大王说，他们怎么能这么想呢？国家虽然不是太富裕，但我还不至于在乎一两头牛。孟子说，您是拿羊换了牛，老百姓认为您小气，这是可以理解的。但是我却知道您不是小气，您是不忍，这头牛又没有什么罪过，吓得浑身发抖，却被杀掉。君子对动物就是"见其生，不忍见其死，闻其声，不忍食其肉"，君子住的地方都离厨房很远，就是这个道理。大王您能够把不忍之心施舍到动物身上，为什么不能把它推广到民众身上呢？如果把它推广到民众身上，不就可以王天下了吗？齐宣王恍然大悟，就这样不知不觉地走进了孟子所设的思想圈套里。

老吾老，以及人之老；幼吾幼，以及人之幼。天下可运于掌。

孝敬我的父母，也孝敬他人的父母，慈爱自己的孩子，也慈爱他人的孩子。如果能够把这种心推而广之，由己及人，由近及远，那么治理国家就是轻而易举的事情。

故推恩足以保四海，不推恩无以保妻子。

"恩"就是爱，能够把自己内心的爱，特别是对自己亲人的爱推而广之，这就是"推恩"。如果能够推恩，就能够去爱四海之民。如果你不推恩，你连自己的妻儿都爱不了，这样还谈什么治理国家呢？孟子把个人内心的情感和国家的治理联系起来了，把对于亲人的道德和政治上理性治理国家的行为联系起来了，这是对政治本质的一种拓展和认识。

曰："无恒产而有恒心者，惟士为能。若民，则无恒产，因无恒心。苟无恒心，放辟邪侈，无不为己。及陷于罪，然后从而刑之，是罔民也。"

"恒产"是固定的产业，比如房子、土地；"恒心"是一种坚定的意志，恒久的道德情操。没有稳定的产业，而有稳定的道德情操，只有士才能做到。对于老百姓来说，没有稳定的产业，就不会有稳定的心态和道德，只要对自己有利的，他都要去做。苟无恒心，放辟邪侈。"放"是放荡的意思；"辟"是邪的意思；"邪"也是邪的意思。"辟"和"邪"都是不正，就是不符合道德规矩的意思。"侈"就是过分。如果做了犯罪的事情，不把他关起来，就是对老百姓不负责任。有仁德的君主怎么可以对老百姓不负责任呢？

在孟子极为精彩的劝说下，齐宣王终于开始对孟子提出的王道理论表现出了兴趣，但是一贯痴迷于靠武力取胜的霸道思想的齐宣王，对于靠推行仁政而实行王天下的王道主张还是十分怀疑。孟子吸取了在魏国时讲述过于空泛的教训，从民生、经济的角度向齐宣王具体述说了仁政的政治思路。这段话是说给齐宣王听的，它讲了一个道理：民无恒产，因无恒心。也就是说，老百姓的精神面貌和道德情操跟他的产业和财产是有关系的。如果没有稳定的财产，老百姓一定不会有稳定的心态和道德情操，也一定不会去约束自己的行为，可能就会做出许多不好的事情。这里把道德情操和人的精神面貌与物质生活以及物质生活的基础紧紧地联系在了一起。如果想解决治国治民的问题，首先要从解决生产、解决民众的生活来入手。这种思想在古代也有很多人说过，比如管子就曾说过，"仓廪实而知礼仪，衣食足而知荣辱"，这就把礼仪和荣辱这样的道德精神追求，跟物质生活紧紧地联系在一起。

孟子讲到这里，齐宣王听得更有味了，真的想去照着做了。孟子说，您要是真的想做，就回归根本吧，就是实行仁政。接着，孟子提出了非常具体翔实的治国治民的政策。

五亩之宅，树之以桑，五十者可以衣帛矣。鸡豚狗彘之畜，无失其时，七十者可以食肉矣。百亩之田，勿夺其时，八口之家可以无饥矣。

孟子给齐宣王介绍了一个非常具体可操作的政治方案。首先，解决土地问题，解决生产劳动的问题，解决老百姓的衣食问题。"鸡豚狗彘之畜"，"鸡"是家养的鸡，"豚"是小猪，"彘"是大猪。每家有五亩的田地，可以养各种牲畜，可以种桑树。这样老百姓就可以吃到肉，可以穿丝绸织的衣服了。有百亩田地的家庭，不要妨碍他们的生活，在农忙的时候，不要派他们去做其他的事情，这样他们就可以一心一意地进行农业生产，八口之家就可以吃饱饭、穿暖衣了。

谨庠序之教，申之以孝悌之义，颁白者不负戴于道路矣。老者衣帛食肉，黎民不饥不寒，然而不王者，未之有也。

在满足农民最基本的生存之后，还要对农民进行道德教育。"谨"是严格的意思，"庠"和"序"都是学校，"申"是申明的意思。认真地办学校，反复用孝悌的道理来教导子弟，不要让头发斑白的老人去干体力活，可以让他们做一些力所能及的事情，颐养天年。

老百姓能够吃饱饭、穿暖衣了，大家又讲仁义道德，老百姓就过上了幸福生活,这是王道的开始。这样,老百姓就会归顺于您,您就会统一天下。孟子的这番话,真可谓苦口婆心。但是齐宣王是不是听进去了呢?未可知。

孟子的治国方案体现了两个思想。第一,治国要从经济入手,一定要首先解决民生的问题。而要解决民众的生活问题,就要从土地和经济政策入手,要给民众以土地,鼓励农民生产,不妨碍农民,使民众能够通过自己的劳动,获得基本的生活资料,做到不饿不寒。第二,仅仅使老百姓过上温饱的生活还不行,还要对他们进行道德的教化,这也是不可缺少的。只有在满足了民众生活需要的基础上,才能有效地进行道德的教化。老百姓生活有了保证,道德品质得到提高,他们就会很自觉地认同这个社会的秩序,就会听大王的话。这体现了孟子养民和教民连贯一致的思想,只有这样才能从根本上解决问题,才能从根本上得到民众的拥护,达到其政治的目的。政治管理和道德教化是不能截然分开的。作为掌握一方权力的官员,在进行政治治理的过程中,他一定要怀有爱心,一定要从爱自己的父母、妻子,推而广之去爱天下的百姓。用孟子的话来说,"乐民之乐者,民亦乐其乐;忧民之忧者,民亦忧其忧。"

第三章　从道不从君

当时，孟子住在齐国有名的稷下学宫。稷下学宫是当时齐宣王招揽人才的地方，聚集了多达千人的知识精英，齐国政府为他们安排了最好的生活环境，让他们安心愉快地研究治理国家的谋略。在这里，孟子经常跟齐宣王讨论问题，有一次，他们讨论到了君臣关系的问题。

稷下学宫

在中国古代社会，君臣关系是最重要的社会关系。西周时，君主有两个层面：西周的天子是天下的君主，各诸侯又是他的臣子；各个诸侯国中，诸侯是国君，大夫和国人是臣子。所以，君臣关系是当时一个很重要的政治关系。周公制礼作乐，制定了严格的宗法等级制和分封制，而贯穿其中的核心问题就是维护君臣的上下关系。儒家所讲的礼的核心即是君臣上下之礼。除此之外，当然还有父子之间的关系。在中国古代社会，君臣关系和父子关系是最重要的两种社会关系。由此，延伸出了两种最重要的道德规范：忠和孝。

自西周制礼作乐之后，君臣上下的等级制度就被严格地规范固定了下来，即使到了春秋战国这样的乱世，君臣上下的关系仍然被严格地坚守着。但是，在现实的生活中，人们往往会碰到许多难题，从而对君臣的关系问题产生疑问。齐宣王就产生了这种疑问。

齐宣王问曰："汤放桀，武王伐纣，有诸？"孟子对曰："于传有之。"

齐宣王问孟子，人们说商汤王放逐了夏桀，周武王杀了商纣王，有这些事情吗？中国社会到了夏朝，进入了阶级社会，建立了国家，所以夏朝是中国社会的第一个王朝。在传说中,夏朝的最后一个王叫夏桀,非常残暴无道。后来,夏桀手下的一个小国的国君——商国的商汤王起兵推翻了夏朝,建立了商朝。到了商朝的后期,又出了一个暴君,就是商朝的最后一个王,叫商纣王。他也很残暴,整天花天酒地,听不进不同的意见,谁要提意见,就把谁杀了,并把他的心掏出来,所以弄得民不聊生。于是,商朝一个小属国周国就起兵反商。在周武王强大的攻势之下,商朝兵败如山倒。

当时的夏朝是很大的王朝,境内有很多小属国,那么夏朝的王是君,臣属国家的王和民就是臣子,但是作为臣子,商汤王却推翻了夏朝,把夏桀给流放到偏僻的地方去了。商朝也是个很大的王朝,商王是君,而作为商朝臣属国的周国,它的国君只是一个臣子,但是周武王却杀了商纣王。按照君臣上下的关系来说,这是不合适的。所以齐宣王就问,有没有这些事情呢?孟子说,传记上有,但事实是不是这样,我也不知道。齐宣王一听,传记上有记载,马上继续问。

曰:"臣弑其君,可乎?"

臣杀君,这样可以吗?齐宣王用了一个"弑"字。"弑"的本意就是杀,特指臣杀君、儿子杀父亲这样不道德和丧尽天良的行为。孟子做了一个很深刻也很巧妙的论述。他同样认为这种行为是大逆不道的,所以他没有对齐宣王的这个问题直接作答,而是讲了如下一番话。

曰:"贼仁者谓之'贼',贼义者谓之'残',残贼之人,谓之'一夫'。闻诛一夫纣矣,未闻弑君也。"

损害和践踏了仁德的行为叫"贼",损坏和践踏了义的行为叫"残";损害和践踏仁义道德和社会秩序的人,叫作"一夫"。"一夫"就是我们经常说的独夫,我们会骂一个残暴无度、专制横行的君主是独夫民贼。他接着说,我只听说过讨伐了一个独夫民贼的纣,而没有听说过弑君。也就是说,这是正义的力量去讨伐不正义的力量,道德之善去讨伐道德之恶。

臣弑君固然不可,但若君王损害、践踏了仁义道德,就不再是君,而只是独夫,对于独夫当然就是可以诛杀的。这个观点在中国政治思想史上有着重要的意义。孟子赞成君臣上下之义,但他是有条件的。君主应该由圣人来担任,所以君主应该努力成为圣人。这样的君主,我们拥护、尊敬他,这是有条件地维护君臣上下尊卑。在他的心目中,如果一个君主丧尽天良、残暴无度,这样的君主不应该成为君主。进一步而言,这样的君主应该被推翻,被诛杀。这种思想在当时是振聋发聩的。

孟子待在齐国的时候,还发生了一件事情。齐国北边的燕国发生了内乱,齐国意欲趁机攻打它,齐宣王就问孟子该不该去。他说,我去攻打一个跟我国差不多大的国家,不费吹灰之力就可以把它拿下来,要是不去攻打,可能就说不过去了。孟子说,如果您去攻打的时候,看到老百姓非常欢迎,您就可以攻打它,如果老百姓不欢迎,您就赶紧撤回来。之后,齐宣王就率兵把燕国打下来了。但他并没有像孟子告诉他的那样,安排一个新的君主,然后撤回来,而是把燕国的许多宝贝,包括一些重物,比如鼎,都搬到了自己的国家。燕国的老百姓很不高兴,其他诸侯国也害怕齐国因此而扩大地盘和势力,要联合攻打齐国来挽救燕国。此时,齐宣王才感觉到,在这件事情上他没有听孟子的话,感到很惭愧。

孟子在齐国的时候,齐宣王除了跟他谈如何治国、君臣关系,还谈到一个问题:如何做一个卿大夫。

齐宣王问卿。孟子曰:"王何卿之问也?"王曰:"卿不同乎?"曰:"不同。有贵戚之卿,有异姓之卿。"王曰:"请问贵戚之卿。"

齐宣王问,卿大夫应该如何做才是合格的卿大夫呢?孟子问他,是贵戚之卿还是异姓之卿?"贵戚之卿"是与国君同姓、同宗族的卿大夫,"异姓之卿"是跟国君不同姓、不同族的卿大夫。齐宣王说,先问贵戚之卿怎么样做才合格。

曰:"君有大过则谏;反覆之而不听,则易位。"王勃然变乎色。曰:"王勿异也。王问臣,臣不敢不以正对。"

贵戚之卿跟国君是同姓、同宗,国君有了过错,他应该负责任地提出意见,而且要反复提。如果他反复地提出意见,国君还不听的话,他就应该把这个国君推翻,自己来做国君。齐宣王听了以后,就马上变了脸色,好像很不高兴,也好像很紧张的样子。孟子马上说,大王问我这个问题,我不能不如实地告诉您,所以请您原谅。

　　过了一会儿,齐宣王的脸色才正常下来。他稍作镇定,接着问,那么异姓之卿怎么样做才是合格的呢?

　　曰:"君有过则谏,反覆之而不听,则去。"

　　异姓之卿跟国君非亲非故,所以国君有了错误,他应该负责任地去建议他,去提出意见。如果他反复地提出意见,这个国君也不听,那就离开国君算了。

　　孟子分别谈到了贵戚之卿和异姓之卿如何服侍君主。按照君臣上下尊卑的观念和制度,无论是贵戚之卿还是异姓之卿,他们都是臣,对于君都应该无条件地服从。但是孟子不这么看,他认为就某一位具体的君主而言,君权不是绝对的,是有条件的。这个条件只对贵戚之卿有效,对异姓之卿而言则是无效的。异姓之卿不能推翻君主,取而代之,只能选择离开。所以说,孟子是有条件地承认君主是可以更换的,他认为在一定的条件之下,君主的权力并不是绝对的。

　　由上,我们对孟子及其儒家思想有了更真切的了解,那么在中国的古代社会,君臣关系的重要性是怎样体现的呢?

　　君臣关系是最重要的一种社会关系,无论是在观念上,还是在制度上,都是君尊臣卑,等级森严。越到中国古代社会的后期越是这样,以致出现这样的观念:君叫臣死,臣不得不死。这样的观念认为,天下没有不是之

荀子

君，因此就出现了很多愚忠的思想。这些思想是随着中国社会的发展演化而产生的，中国的传统思想，特别是儒家的传统思想，在被运用的时候发生了变化。而实际上，儒家特别是早期的儒家并不是这样主张的。我们看到，孟子就提出残贼仁义的君主是可以推翻的，甚至说商汤王和周武王的行为是一场革命，顺乎天，应乎人，是合乎时代潮流的。孔子也说过，"君使臣以礼，臣事君以忠"，这是相互的关系。荀子更是直截了当地说，"从道不从君，从道不从父"。我服从道，但不服从君；我服从道，但不服从父。"道"就是仁义道德，就是社会的根本规范。用一句话来说，道比君大。这些杰出的思想都对后来的社会产生了很大的影响。只是由于后来随着君主专制制度的逐渐完善，君权得到了空前的膨胀，在思想上就过于强调尊君、忠君，而把孔子、孟子、荀子思想中很合理的部分给慢慢抹掉了。所以，我们应该客观地去认识真实的历史，从历史的真实中去了解孔子、孟子和荀子的思想。

第四章　浩然之气

公孙丑是孟子的一名学生,长期跟随孟子学习。他跟随孟子来到齐国以后,看到孟子受到了齐宣王的礼遇和重视,就跟老师讨论在功名利禄面前,如何才能坚守道义、无动于衷的问题。

公孙丑问曰:"夫子加齐之卿相,得行道焉,虽由此霸王,不异矣。如此,则动心否乎?"

公孙丑说,老师您在齐国身居卿相之位,应该有可能实现我们的主张和理想,如果这样的话,我们大可以实行王道,小也可以实行霸道,您心里难道不为之而动吗?

孟子曰:"否,我四十不动心。"

孟子说,我四十岁后就不动心了。这里提出一个"动心"和"不动心"的问题。"动心"就是心旌摇动,每个人的意志、观念、情感、心态,往往都会随着外界环境、个人遭遇的变化发生变化;"不动心"就是以不变的理念、坚定的意志、稳定的心态去应对外界的一切变化,简单地说,就是不为之所动。

曰:"若是,则夫子过孟贲远矣。"曰:"是不难,告子先我不动心。"

公孙丑听到老师的话后说,老师比孟贲高明多了。听公孙丑这么一说,孟子就说,不动心并不难,告子比我先达到了不动心的境界。告子是跟孟子同时代的思想家,可能年龄比孟子要大一些。从他们师徒二人的对话,我们能够了解到,不动心是一个很普遍的现象,很多人都能达到不动心的境界。

不同的人可以从不同的角度,用不同的方法达到不动心。比如,北宫黝是用培养勇气来达到不动心的,孟施舍则是用理智的考虑来达到不动心,曾子更是用道德的理性来制衡自己的心态,以达到不动心。对于这些不动心,孟子都没有给予太多的评价,只是说有的人不动心是得到了要领,有的人不动心则没有得到要领。在这些人中,他比较欣赏的是曾子不动心的方法。

作为学生的公孙丑,接着追问孟子,如何达到"不动心"的境界呢?

"敢问夫子恶乎长?"曰:"我知言,我善养吾浩然之气。"

孟子说,我通过知言和养浩然之气来达到不动心。"知言"是对别人的话语有明智的分析,他说的错我知道他错在哪儿,他说的假我知道他假在哪儿,他说的真我也知道他真在哪儿。也就是说,我的心不随着他人的话语而转移。

需要特别注意的是孟子养不动心的另外一个办法:我善养吾浩然之气。浩然之气是孟子对自己道德修养的过程和结果的描述。"浩然"是浩大而流畅的意思。所谓"浩然之气",就是通过一定的修养而达到了一种心态或者一种境界。我们常说的浩然之气就来自这里。

"敢问何谓浩然之气?"曰:"难言也。其为气也,至大至刚,以直养而无害,则塞于天地之间。"

公孙丑直截了当地问,什么是浩然之气呢?孟子说,浩然之气很难说明白。孟子的浩然之气分两个层次:第一个层次是浩然之气的外在气象或者面貌;第二个层次是浩然之气的内在蕴含以及达到浩然之气的方法过程。

孟子说,作为一种气,它最大最刚。"大",广大;"刚"则说明它很硬,不泄气,是充满的状态。"以直养而无害","直"是顺着,养气是需要顺着养的;不顺着它养、从中作梗就是"害"。也就是说,顺着它成长的过程,不加以妨害,它就可以养成。养成之后,它就充满了天地之间。而这也衬托出来了大丈夫的气势和气概。这是孟子对浩然之气的一种非常形象而略带夸张的描述。

那么,这种气是怎么来的呢?我们应该怎么样去养呢?

"其为气也,配义与道。无是,馁也。是集义所生者,非义袭而取之也。行有不慊于心,则馁矣。"

"配义与道","配"是配合的意思,"义"是仁义道德的义,"道"则是人生之道。"道"也包含"义"。"义"和"道"在这里讲的是人生道德、人生之道,是人生活在社会中必须遵守的法则,必须追求的理想。也就是说,培养浩然之气的过程,始终要用道和义来指导、统率。如果不是这样,浩然之气就泄了。"馁"是泄的意思。

"是集义所生者,非义袭而取之也"。"集义所生"中的"集"在这里是积累的意思,"义"是道德的行为,也就是说,气的养成是积累了许许多多符合道德的行为而成的。"非义袭而取之也","袭"我们经常解释为袭击。所谓袭击,是不按规则出牌,出其不意,攻其不备。在这里,"袭"是偶然、侥幸、以巧取胜的意思。也就是说,它跟"集义"是正好相对的,"集义"就是老老实实地按照道德去做,把这些行为积累起来。并且,集义所生的过程是一个持续的过程。而"义袭而取之"不是这样,它是偶尔地做一件道德的事情,而且还是有目的的。

这就是孟子说的"行有不慊于心,则馁矣"。"慊"是满足、快乐的意思。"行有不慊于心"是说对于所做的事,自己感到有愧。也就是说,在集义所生的过程中,如果我们某一天或某一时做了不道德的事情,弄得心中很自责,这样的话,浩然之气也是不能生成的,也就泄了。

所以,养浩然之气的过程,要配义与道,要集义所生,要持之以恒。而这个过程,实际上也讲了浩然之气的内涵。既然浩然之气是这样养成的,我们应该怎么去养呢?

"必有事焉而勿正,心勿忘,勿助长也。无若宋人然。"

"必有事焉","事"是侍奉的意思,就是认真和持之以恒地去做。"而勿正","正"有两种解释。第一种,"正"通"征",意思是说,有一个非常明确的、急功近利的目标,而且为了实现这样的目标,要采取非常功利的办法。"必有事焉，而勿正"，是说要去做，但是不能把目标放得太近，不要急着去实现目标。"正"的第二种意思，"正"通"止"，停止的意思。"必有事焉，而勿正"，是说我一定要认真地去做，而不停止。

既然"必有事焉，而勿正"，那就不要忘了这件事，时刻记住它，也不要帮助它成长，像宋人做的那样。也就是说，浩然之气的养成，一定要坚持、认真地去做，不要急切，不要放弃，也不要助长。

"宋人有闵其苗之不长而揠之者，芒芒然归，谓其人曰：'今日病矣！予助苗长矣！'其子趋而往视之，苗则槁矣。天下之不助苗长者寡矣。以为无益而舍之者，不耘苗者也；助之长者，揠苗者也，非徒无益，而又害之。"

孟子为了说明这个道理，就讲了一个我们经常说的揠苗助长的故事。孟子用这个故事告诉我们，在养浩然之气的时候，既要持之以恒，也不要像宋人那样着急。

揠苗助长

宋国有一个人，他觉得地里的麦苗长得很慢，担心它不长，有一天就去麦田里，把麦苗都往上拔了一截子，麦子就都变高了。他干了一天的活，回到家里就对家人说，我今天累得够呛呀，我把咱们地里的麦苗全部拔了拔，帮助它们长高了。他的儿子一听，赶快跑到麦田里一看，麦苗已经都干枯了。

通过以上的讲述，我们了解了浩然之气是一种道德的气象，是一种精神的境界，那么孟子的浩然之气是怎么培养的呢？

浩然之气是人们在一定的理想、道德的统率下，经过长期的修炼而形成的。它的成长是一个自然的

揠苗助长

过程,有自己的规律和道路。我们在培养浩然之气的时候,要顺其自然,只能水到渠成,而不能揠苗助长。孟子的浩然之气,讲的就是人的一种道德情操、精神境界、外在风貌的修养过程。孟子的观点在于,人的意志、情操是需要培养、磨炼的,在正确的道德和理念的指导下,人们需要不断地提高自己的境界。在复杂多变的人生道路上,只有通过这样的培养和磨炼,才能够坚持自己的主张,不为外界所动。

孟子提出了君子修养要知言,养浩然之气,以达到不动心,这些思想对生活在今天社会的我们有哪些启发呢?

孟子的一番话告诉我们,思想的修养、境界的提高是一个艰苦、长期的过程,不是一蹴而就的,必须有恒心、有毅力。梅花香自苦寒来,梅花很香,但它是在春寒料峭中,甚至在大雪压枝头的时候绽放开来的。孔子、孟子的人格魅力,就是靠着他们不管在多么艰难困苦的境遇中,都能够坚持自己的主张、修炼自己的德行,而不断提升的。

如果我们想提高自己的人格,提升自己的境界,就要不断地去修养,严格地按照道德的规范去做,坚持下去,不求有什么收获,但求问心无愧。只要有这样的心境,我们自然会养成一种浩然之气。有了浩然之气之后,无论遇到什么样的场合,我们都会沉着冷静,泰然自若,成为人生大潮中成功的弄潮儿。

第五章　王霸之道

孟子在齐国和齐宣王沟通了很多次，经常是齐宣王宣他进殿，向他请教治国的方法。孟子都是要求他冷静地思考，从根本上解决问题，从大局出发。然而，齐宣王所面临的纷繁复杂的现实问题却弄得他焦头烂额，有时候他是顾得了头，顾不了尾。所以，他就把孟子所说的很多话忘到了脑后。

这让孟子很失望，孟子有时候能够耐心地劝说他，但有时候又忍不住要批评他。《梁惠王下》说的就是这个事情。

孟子谓齐宣王曰："王之臣有托其妻子于其友而之楚游者，比其反也，则冻馁其妻子，则如之何？"王曰："弃之。"

孟子对齐宣王说，大王，您的手下有一位大臣，把他的妻子和儿女托付给了他的朋友，他去楚国出差。等他回来的时候，发现朋友没有把自己的妻子儿女照顾好，他们吃不饱、穿不暖，过着很凄惨的生活。如果遇到这样的朋友，大王您说怎么办呢？齐宣王想都没想，就说不跟他做朋友了。孟子一看齐宣王这样回答，又举了一个例子。

曰："士师不能治士，则如之何？"王曰："已之。"曰："四境之内不治，则如之何？"王顾左右而言他。

孟子说，大王，您的手下有一个司法官，专门管理各级官吏的，但他不去管理各级官吏而失职，那您怎么办呢？齐宣王还是不假思索地说，罢免了他。孟子看到齐宣王这样说，又提出一个问题，您的国家政治混乱，吏治腐败，国家管理得非常不好，那么怎么办呢？这个时候齐宣王才明白，原来孟老夫子啊，你问了我这么多问题，最后是要来批评我呀，那怎么办？我能怎么办呀？我是这个国家的最高统治者。大王显得非常尴尬，不好说什么。所以，"王顾左右而言他"，大王只能赶快摆脱窘迫的境地，把话题扯远了。

这段文字非常形象、生动地表现了孟子是如何用委婉曲折又不失尖刻的语言和说话技巧，去批评那些一意孤行的君主的。一方面，这表现了孟子的苦衷。孟子想说服这些君主实现自己的主张，但是他们仍然听得多、做得少。另一方面，孟子又不得不顾及这些君主的面子。所以，他只能用这样一种非常曲折婉转、绵中带针的方法来批评他们。"王顾左右而言他"这几个字就非常生动直观地描述出齐宣王那种尴尬的、恨不得地上有个缝钻进去的窘态。这几个字也成了我们今天经常引用的一句名言。

事实上，孟子无论是向齐宣王进言，还是向梁惠王献策，其核心只有一个，那就是要一统天下。但对于齐宣王和梁惠王来说，统一是建立在富国强兵，也就是压迫百姓、发动战争去侵略他国的基础上。而孟子的观点却截然不同，他认为在纷乱动荡的时局下，最迫切的是需要通过实行仁政来实现王道。那么孟子极力主张的王道，究竟指的是什么呢？

无论是给齐宣王、梁惠王讲，还是给其他各国的诸侯讲，孟子所讲的道理，说穿了就是一个词：实现王道。这是孟子在当时的形势下所提出的解决天下根本问题的方案。孟子对这个问题，做了一些比较明确的表述，我们可以看《公孙丑章句上》第三章。

以力假仁者霸，霸必有大国。以德行仁者王，王不待大。

"以力假仁者霸"，"力"就是国家的实力，在战争年代就突出地表现为国家军队的力量。军队的多少，装备精良与否，就是这个"力"的大小。而强大的军事力量靠什么来支撑呢？靠强大的经济实力，也就是国家的经济要好，对于那个时候的农业国家来说，就是粮食要多，草料要多。这才叫以"力假仁者霸"。"假"，就是假借的意思。就是说，用强大的经济、军事实力，假借仁义道德的名义，这样的道路叫"霸"。

为什么叫假借仁义呢？即使要统一天下，也不能对他国的百姓进行掠夺，也要依靠仁义道德这样漂亮的旗号来实现自己的主张。比如，春秋时期的齐桓公、晋文公就是"挟天子以令诸侯",打着"尊王攘夷"的旗号,去实现强大自己的国家、征服弱小的诸侯的目的。这就叫"以力假仁者霸"。

"以德行仁者王",又该如何理解呢？在这里,霸道的核心就是实力。"德"就是君主的德行,就是在治国的过程中,用道德的原则去推行各项政策。比如,君主应该修身养性,应该成为圣人。圣人是人格境界的最高层次,那么只有成为圣人,你才能有资格去做君王,去做天子,这是"德"的第一层含义。"德"的第二层含义,是说君主要把仁义道德渗透到治国的过程中,贯彻到对民众的统治和管理中,并将之作为国家治理的根本原则或者理念。

而"行仁",是说有了善良的道德,又把这种道德贯彻到政治之中,在这样的基础上行仁政。以不忍人之心,去推行不忍人之政,"老吾老以及人之老,幼吾幼以及人之幼"。就像我们前面说的"推恩",把自己的恩推到百姓身上,提倡道德教化,提倡道德修养,提倡道德管理,提倡爱民、养民、教民,这就叫"以德行仁"。这样就可以实行王道,通过这样的教化、感召,能使天下的百姓归于你的旗下,使天下的统治者在与你的较量中失败,这样你就能统一天下,这就叫"以德行仁者王"。

孟子对王道和霸道做了一些分析。他说实行霸道的必须是大国,也就是说,你一定是比较大的国家,国土要足够大,人民要足够多,这样才能有雄厚的经济和军事实力,可以在军事较量中取得胜利。没有大国,想实行霸道是不可能的,实力是根本的原则。那么,"以德行仁者王,王不待大",走王道的道路就不需要是一个很大的国家,一个很小的国家也就够了。所以,他举了一个例子。

汤以七十里,文王以百里。以力服人者,非心服也,力不赡也；以德服人者,中心悦而诚服也,如七十子之服孔子也。

他说,商汤王推翻夏桀,实现了王道,而他原来的国家只有方圆七十里,是一个很小的国家。周文王经过苦心经营,最后由他的儿子周武王推翻了商纣王,实现了王道。周文王那个时候的国家也只有方圆百里,也是一个很小的国家。孟子的意思是说,如果实行王道,以德行仁,国家不需要太大,你本国的老百姓就会拥护你,他国的老百姓也会拥护你。你振臂一呼,天下的百姓就都拥护你,其他国家的君主也就成了孤家寡人,天下不就统一了吗?王道不就实现了吗?这是孟子的想法。

所以,霸道一定要有大国做基础,王道不需要大国做基础。他进一步来分析王道和霸道。他说,霸道是"以力服人,非心服也",它是用力量来强制他人服从你,并不是让人们心服口服。用武力来征服他人,他人是不会从根本上服从你的,一有机会就会反抗你,一有机会就会跟你分庭抗礼。而王道不是这样,王道是"以德服人",它是让人"中心悦而诚服也"。"中"就相当于"衷",由衷的"衷",就是说人们对你的服从是从内心出发的,自然而然的,不是被动地去信服你,服从你,这就像孔子的学生佩服、服从孔子那样。这是孟子对王道和霸道的分析和论述。

王道和霸道的思想是战国时期儒家和其他各学派激烈争论的两种政治路线,也是贯穿整个中国古代社会的一个论题。儒家坚持王道,兵家和法家则主张霸道。孟子坚持认为,霸道可以解决一时的问题,但不可以解决一世的问题。只有对民众实施教化,提升统治阶级的道德情操,才能解决人们的思想问题,并从根本上实现统一。那么孟子"王霸之道"观点的合理性何在呢?

首先在于他强调人的素质教育、道德感化,强调用道德去约束君主、教化民众。也就是说,他强调道德教化在国家管理中的作用,这是有道理的。我们说要以法治国,但是我们不要忘记了道德的作用,既要讲"以法治国",又要"以德治国"。因为法是人定的,法是需要人去执行的,如果没有具有良好道德的执法者,法律也是不能实现的,这是第一。第二,王道和霸道的思想告诉我们:在政治上,既要着眼眼前,更要着眼长远,从全局出发提出施政纲领,进行国家的治理。只有这样,才能够使国家的治理沿着一个平稳、和谐、持续的思路走下去。

当然,孟子的"王霸思想"也有其片面性,它夸大了道德感化的作用。国家管理毕竟是一种理智的管理,是一种利益的调整,在利益的调整中,仅仅用道德的说服教育,仅仅靠统治者或者官员的道德表率是不可能的。另外,孟子的思想也有空想的成分,在那样一个战乱纷争的时代,没有哪一个君主肯停下造枪造炮而去修养道德,所以孟子的思想在很多国家受到冷落也在情理之中。即使更换一个时代,它仍然有其片面性,我们不能希望所有的问题都从根本上解决,也不能希望用道德感化就能解决所有的问题。既要讲"以德治国",又要讲"以理治国";既要讲王道,又要讲霸道。这才是一条比较合理的治国路线。

第六章　四心四端

孟子宣传王道，主张以仁政实现王道。这种思想听起来非常美好，但又有点虚无缥缈。为了说服齐宣王，孟子讲了一个以牛羊相换的故事。孟子因此认为，齐宣王有不忍之心，并以此为契机，说服齐宣王接受他的建议，以仁政实行王道。

以羊易牛的故事听起来也有点道理，但是一个人不忍心牛羊去死，与爱民、富民、教民又有什么关系呢？孟子对这个问题做了专门而深入的阐述。我们可以来看《公孙丑上》第六章。

人皆有不忍人之心，先王有不忍人之心，斯有不忍人之政矣。以不忍人之心，行不忍人之政，治天下可运之掌上。

以羊易牛

这番话似乎有点耳熟，因为孟子在前头说过："老吾老，以及人之老；幼吾幼，以及人之幼；天下可运于掌。"他在这里说的是"以不忍人之心，行不忍人之政"。每一个人都有不忍人之心。不忍人之心就是不忍去伤害他人、不忍看到他人被伤害的一种情感体验或者意志选择。先王有不忍人之心，于是，就有了不忍人之政。尧舜禹把不忍人之心推广到民众身上，对民众也行不忍人之心，不忍心去伤害民众，不忍让民众受苦受难，便让百姓去生产，给百姓财产，让百姓过得衣食无忧，这就有了不忍人之政。以不忍人之心来行不忍人之政，这样治天下就易如反掌。这是孟子的一个基本理念，后来也成为儒家思想的一个基本理念。

为什么说人都有不忍人之心呢？孟子举了一个特殊的事例。

所以谓人皆有不忍人之心者，今人乍见孺子将入于井，皆有怵惕恻隐之心，非所以内交于孺子之父母也，非所以要誉于乡党朋友也，非恶其声而然也。

今天，有人乍见孺子将入于井。"乍见"，"乍"，突然，没有思想准备。比如，一个人正急忙赶路或者低着头走路，猛一抬头，看见有一个蹒跚走路的小孩，走到井沿上，即将掉下去。这个时候的人会有什么反应呢？"皆有怵惕恻隐之心"，都会有怵惕恻隐的心。"怵惕"是恐惧、惊惧的意思；"恻隐"，"恻"是痛的意思，"隐"也是痛的意思，"恻隐"就是痛苦的意思。恐惧、惊惧是人的一种情感体验，痛苦也是人的一种情感体验。

按照孟子的思路，一个人突然看见一个小孩要掉到井里，他马上就会有一种恐惧痛苦的情感体验。人们这种情绪的发生是没有目的的。有这种情感体验，既不是为了结交孩子的父母，也不是为了在乡亲面前得到好名声，更不是讨厌这个孩子坠下井时发出的那种尖叫。他完全是潜意识的，是一种条件反射。用孟子的话来说，只要是人就会这样。

那么，孟子这段例证的结论是什么呢？

由是观之，无恻隐之心，非人也；无羞恶之心，非人也；无辞让之心，非人也；无是非之心，非人也。

正因为人都有恻隐之心，所以人都有不忍人之心。因为每一个人遇到这种情况都会这样，他是没有任何目的的，是不随意的。因此，他得出一个结论，"无恻隐之心，非人也"。如果没有恻隐之心，他就不是人。接着，他推演开来，"无羞恶之心，非也人；无辞让之心，非人也；无是非之心，非人也"。这样，孟子从人的本质的角度，把恻隐之心确立起来了。

孟子之所以对恻隐之心、不忍人之心进行论述，目的是为仁政思想提供佐证，为实现王道找到一个现实依据。孟子辩论逻辑的严密性，由此显示出来。

所谓羞恶之心，是说人做错了事会感到羞恶、内疚，这是人的一种道德情感体验。关于辞让之心，对长者要辞让就是一种辞让之心。所谓是非之心，是说人知道什么是善，什么是恶，什么是对，什么是错。虽然恻隐之心和羞恶之心、辞让之心、是非之心放在一块儿有点乱，它们不属于同一个层次，但是孟子的意思是很明确的，他要用恻隐之心来论述其他"三心"。恻隐之心是人的本心，那么其他"三心"也是人的本心。人没有恻隐之心就不算是人，那么没有其他"三心"也不算人，这是孟子的论辩技巧。这样，孟子就从人之所以为人的角度论证了恻隐之心、羞恶之心、辞让之心和是非之心。孟子的推演到此还没有停，他做了进一步阐述。

恻隐之心，仁之端也；羞恶之心，义之端也；辞让之心，礼之端也；是非之心，智之端也。

"端"，开端，端倪。恻隐之心是仁德的"端"；羞恶之心是义这种道德的"端"；辞让之心是礼这种道德的"端"；是非之心是智这种道德的"端"。这就有了四端。孟子以恻隐之心为人的根本，以此论证羞恶之心、辞让之心、是非之心同为人的根本，这是他的"四心说"。他进一步推演，恻隐之心是仁之端，羞恶之心是义之端，辞让之心是礼之端，是非之心是智之端。这样，他又得出一个"四端"说。

"端"就是开始，就是萌芽。这样，从"四端"则可以生发出仁、义、礼、智"四德"。"四心""四端""四德"依次递进的逻辑关系形成一个体系，这个体系就成为我们理解孟子诸多思想的基础，可以说是他思想的核心部分。

那么"四端"又是如何演变为"四德"的呢？

人之有是四端也，犹其有四体也。有是四端而自谓不能者，自贼者也；谓其君不能者，贼其君者也。凡有四端于我者，知皆扩而充之矣。若火之始然，泉之始达，苟能充之，足以保四海；苟不充之，不足以事父母。

用孟子的话来说，就是"扩而充之"。人的"四端"就好像人的四体，四体就是人的四肢。也就是说，人有"四端"是自然而然的，就跟人生下来就有胳膊和腿一样。有"四端"就应该"扩而充之"。如果有"四端"，说自己做不到仁、做不到义，这是看不起自己，而说别人做不到仁、做不到义，则是看不起别人。

人有"四端"，正确的态度就是要扩而充之。扩而充之，足以保四海；不扩而充之，不足以保妻子。只有扩而充之，你才能爱民，最后统一天下；如果你不扩而充之，连你的妻子儿女都不能照顾好。明白了这个道理以后，就要懂得把四端扩展、推广。扩而充之的过程是一个由小而大的过程，就好像星星之火可以燎原，涓涓细流汇聚成江河。他认为，扩而充之是一个根本问题。

"四心""四端""四德"的思想体系是孟子哲学思想、政治思想和道德思想的核心所在。从理论上来说，这一思想提出了哪些具体的问题呢？

第一，他提出了性善的问题，把道德归结为人的本质。

第二，他从人的心灵深处给仁政思想、王道理想找到了一个坚实的基础。心灵深处是人们不太在意的，觉得很自然的，而孟子抓住了人的这种情感体验大做文章，由此奠定了仁政王道的理论基础。这是令人信服的，也是能够说服他人的。

另外，孟子提出了"四心""四端""四德"的思想，这就把他所有的思想，都归结到了一个基础之上。所以，他的思想是非常系统的。我们要了解孟子的思想，特别是要了解孟子思想的精华，就应该抓住他的"四心""四端"和"四德"。

作为孟子思想的精华，"四心""四端""四德"的理论对我们今天有什么启发呢？

首先，人应该注重从细微之处见真情。要反省自己、认识自己、把握自己，特别要注意自己的细微之处，往往细微之处才见到人的真情。孟子就是从恻隐之心这样一个不为人关注的地方，找到了道德的根据。

其次，要善于肯定自己、激励自己，要善于从小处入手，不放弃一点一滴的小事情。不因恶小而为之，不因善小而不为。

最后，个人和社会是相通的，个人的素质和国家的治理是相通的，个人的道德修养和人民的幸福也是相通的。

因此，我们要注重自己的道德修养，特别是身居要位的官员，要善于把放在亲人身上的爱推广到人民身上。这样，国家才能治理得好，我们的目标才能够实现。这大概是孟子的这种思想给我们的启发。

当然，孟子虽然讲得很深刻，也很动人，但这只是一种可能。如果按照孟子的思想逻辑，人人都是尧、舜，而实际上并不是这样。所以我们只能说，人人都可以成为尧、舜。

第七章　仁者如射

按照孟子的思想逻辑,人人都可以成为圣人君子,人人都可以成为尧、舜,但实际上并不是这样。因为每一个人修养自身的理念、方法和意志,有着明显的个体差异。

孟子实际上也注意到了这个问题,因此在讲了恻隐之心之后,他在其他地方多次讲道,如何通过道德的修养、身心的锻炼把恻隐之心推而广之,而成为善良的人,成为有道德的人。

下面我们一块儿来看看孟子提出的几个重要的修养方法。第一则材料是在《公孙丑上》第七章。《论语》曾经记载了孔子的这样一句话:"里仁为美,择不处仁,焉得智。"意思是说,跟有德之人做邻居是一件美好的事情,如果在选择邻居的时候,不选择与有德之人相处,便不是明智之举。孔子在这里提及了对人主动选择的问题。孟子将孔子的这一观点加以延伸,进行了如下的论述。

夫仁,天之尊爵也,人之安宅也,莫之御而不仁,是不智也。

孟子说,仁是"天之尊爵"。"天"就是上天,在这里指的是至高无上,是一种自然、必然。仁是自然的爵位,而且是尊贵的爵位,也就是说,仁的地位是最高的,是高尚的,需要人们去遵守、捍卫。

同时,仁又是人的安宅。"安",安适;"宅",人的住所。人们奔波在外,都想有个家,这个家就是你休养生息的地方,所以"安宅"就相当于人的归宿。也就是说,仁是人类社会赋予人的一种必须遵守的美德,是人生哲学中所必须遵循的一种规范,是人生奋斗的最终归宿,是人的安身立命之地。

一句话,人必须仁,这是孟子对仁德的至上性做出的直截了当、比较明确的表述。所以,我们应该选择仁、坚持仁、追求仁,孟子说:"莫之御而不仁,是不智也。""御"是阻挡的意思,没有人阻挡你,你却不按仁去做,不去实现仁,这是不明智的。

　　不仁、不智,无礼、无义,人役也。人役而耻为役,由弓人而耻为弓,矢人而耻为矢也。如耻之,莫如为仁。

　　"不仁、不智,无礼、无义,人役也","人役"就是被人所役使,被人所指使。你如果没有仁,没有义,没有智,没有礼,就是没有什么道德,那你只能做人下人,听从别人的指挥,为别人所指使。如果你是奴隶,又以做奴隶为耻,这就好比你是做弓的工匠,却以做弓为耻,你是一个做箭弩的工匠,却以做箭弩为耻。你要是以此为耻,那不如赶紧去行仁义。

　　"如耻之,莫如为仁",你如果以为人下人为耻,那就赶紧修养身心、追求仁义道德吧。在道德上的选择,主动权在你。因为仁义道德是人生的根本,对这个人生的根本,你选择不选择呢?选择了,你就成为圣人君子,受人尊敬;不选择,而成为一个无德缺德的人,你就不为人所尊重,被人所抛弃,被人所蔑视,成为人下人。因此,你想成为什么样的人,就在于你的意念,就在于你的选择。

　　孟子接着又讲了一个道理,与人的主动选择有关系。

　　仁者如射,射者正己而后发,发而不中,不怨胜己者,反求诸己而已矣。

　　这个道理非常经典。"仁者如射"四个字讲出了很深的道理。实践仁德的人就好比射箭的人,在射箭之前,要整理好弓箭,平息静气,手势做好,这一切都是自我整理的过程,只有这样你才能射出箭来。如果气息不匀,人没有站稳,箭肯定要射飞的,这就叫"射者正己而后发"。箭射到靶子上了,这是好事,但是如果箭没有射到靶子上,那你只能赖自己,只能怨自己的箭术不佳,不能怨旁边跟你比赛的人。

　　"发而不中,不怨胜己者",那怨谁呢?"反求诸己而已矣",反过来从自身找原因,是自己没有瞄准,是自己练习不够,是自己有点慌张,而不能去怨别人,从别人身上找原因。你射偏了,怨别人射中了,这是无理取闹。

道德的修养,特别是追求仁德的修养过程,跟射箭是一样的,这就是"仁者如射"。你在修养道德的时候,首先要有一个主动的选择。你要选择作为尊爵、作为安宅的仁德,而且要定下志向去追求仁德,坚持仁德,决心用生命去捍卫仁德,要把这一切都做好了,才能开始你的道德修养的过程。这就是"正己而后发"。

在道德修养的过程中,由于种种原因,特别是个人主观的努力不同,有的人道德修养进步很快,而有的人进步很慢,有的人通过道德修养成了圣人,成了君子,而有的人沦落为小人。沦落为小人的人,不要怨君子和圣人妨碍了你,在道德的修养上,每个人都是自己的主人,每个人都把握自己的机会,不存在资源短缺的问题。你要反省自己,道德修养的方法对不对,道德修养的毅力够不够,道德修养的过程有没有问题。

孟子仁者如射的论述,在后世文人那里得到了延伸,苏东坡在《仁者如射说》一文中详细记录了自己射鹄的故事。他提出,"目存乎鹄,手往从之,十发而九失",而后,"目不存鹄,反求诸身,十发十中矣",最后得出结论,"君子之志于仁,尽力而求之,有不获焉,退而求之身,莫若自克"。这些论述充分肯定了自律在道德修养中的重要性。由此可见仁者如射的观点对后世文人的深远影响。

关于道德的修养,孟子还给我们讲了一个很生动的例子,也讲了一个很深刻的道理。这则材料在《公孙丑上》第八章。

孟子曰:"子路,人告之以有过,则喜。禹,闻善言,则拜。大舜有大焉,善与人同,舍己从人,乐取于人以为善。自耕稼、陶、渔以至为帝,无非取于人者。

子路这个人,人们告诉他哪个地方做错了,

苏轼

就非常高兴；大禹听到符合道德的话，就感谢人家；舜比子路和禹做得更好，他善于与人保持一致，善于打破人我的界限，只要别人做得对，只要别人有优点，他就敢于抛弃自己的缺点，向别人学习、舍己从人。他以向别人学习、与别人一道进步为快乐。所以，他从一个农夫，一步步地进步，最后成为一个天子。

取诸人以为善，是与人为善者也。故君子莫大乎与人为善。

在讲了这三个人的事例之后，孟子总结出一个道理。向别人学习，是与他人一块儿为善、一起进步。所以，作为一个君子，最重要的是要向别人学习，与别人一起为善。我们后来就从这句话里头概括出"与人为善"这个成语。当然，今天讲的这个成语与它的原义有了区别，它的原义就是与人一起进步，而今天讲的这个成语的意思是对别人也要好，与别人做朋友，多做好事。虽有了一些变化，但是还保持着它的一些原义。

以上我们讲道，孟子在阐述道德修养方法的时候，提出了三个观点：首先，要确立志向，自觉选择仁义之道，其次，以仁者如射为例，说明反求诸己的重要性，再次，以子路、大禹和大舜为例，得出了与人为善的结论。孟子认为这是道德修养必不可少的方法。那么，这三者之间关系如何呢？

这三个方法总结概括了人们在道德修养过程中的一些规律和一些必然要遇到的问题。在每个人自觉的道德修养的过程中，立志是前提，立志就要选择。反求诸己是根本，道德是自己的事情，在道德的领域，人人是主人，因此不怨天，不尤人，要反求诸己，要严于律己，要善于从自身寻找原因，增强主动性。与人为善是捷径，要善于向别人学习，学习别人身上的优点，与他人一起进步，这能够极大地提高我们道德修养的过程。

孟子就修身养德提出的三种具体的方法，对我们今天有什么启发呢？

人首先要立志，要有一个高远的追求。这是在人生的开始就要确定的。如果目标制定得不好，这个人就是不明智的人、不理智的人，那么将来他不会幸福，不会很充实。

其次,我们要知道,人生奋斗是一个长期的艰苦的过程。在道德修养、境界修炼的过程中,我们会遇到许许多多想不到的事情。有得意,有失意,有成功,有失败。在这些问题上,最重要的就是要一事当先,从自己找原因,不要怨天尤人。

再次,在道德修养的过程中,我们要善于向别人学习,只有这样才能不断地、快速地进步,而且善于和大家一块儿进步、共同提高,才是非常快乐的事情。在孟子看来,一个人的修身养性不仅是个人的事情,而且是与国家、社会紧密地联系在一起的。一个人,特别是君主的修身养性、道德水平的提高,会泽及整个国家。

第八章　得道多助

除了修养道德、追求善良之外，孟子还告诉了君主治国的很多方法。这些方法是他从政治和社会活动中，从对历史的反省中，经过总结概括而来的，用我们今天的话来说，就是政治活动的规律、社会生活的规律和历史发展的趋势。这些方法和道理我们今天读起来仍然感觉很精辟、很深刻。下面我们就来看《公孙丑下》第一章。

　　天时不如地利，地利不如人和。

　　"天时"就是天气、气候、物候等自然界的变化过程。天气、物候、气候的变化是我们生活的一个重要因素，我们的生活要与这些变化相适应。

　　"地利"是指地势、地形、山川，也就是人的组织活动和生存所在的地理环境。当然也有人说，广义的"地利"甚至包括军事上的防御工事。

　　"人和"比较复杂，它不是指单个的人，主要是指各种社会组织。在那个时候，最大的组织就是国家——诸侯国，这些诸侯国内部人们的精神面貌、凝聚力、向心力等都属于"人和"范畴。

　　孟子是如何得出"天时不如地利，地利不如人和"的结论的呢？

　　三里之城，七里之郭，环而攻之而不胜。夫环而攻之，必有得天时者矣；然而不胜者，是天时不如地利也。城非不高也，池非不深也，兵革非不坚利也，米粟非不多也；委而去之，是地利不如人和也。

　　孟子从军事斗争的方面讲了这样一个道理。他说："三里之城，七里之郭，环而攻之而不下，环而攻之，必有得天时也。环而攻之而不下，是天时不如地利也。"古代打仗一般是攻城掠地。一座有着四四方方的高墙的城，由守者在城墙上守着，攻者则在城下攻城。攻者把一座不大的城包围起来，并且发起进攻，一定是考虑到了当时的天气条件的。比如，常常会白天攻城，或者好的天气攻城，因为当时的武器装备很简陋，都是冷兵器,那么在攻城的时候,就要考虑当时的天气条件。如果攻打了,却没有攻打下来,就是"天时不如地利也"。虽然充分考虑到了天气有利于自己的一面,但是攻城者没有想到,守方的防御工事太强了,城墙很高、很厚,周边还有很宽、很深的护城河,这些防御工事都妨碍了进攻,最后是无功而返。

孟子接着说,假如有一座不大的城,城墙很高,城外的护城河很深,守城者使用的武器也很先进,武器装备、粮草也很充足,但是在进攻方的攻打之下,最后弃城而走,这是为什么呢?这就是"地利不如人和也"。所谓"人和",就是要得到众人的支持与拥护。要想得到众人的支持与拥护,就必须主持正道,伸张正义,以德服人,以道服人。民心向背至关重要,因此孟子认为,在决定战争胜负的三项重要条件中,"人和"为重中之重。基于这个论点,孟子继续加以论述。

故曰:域民不以封疆之界,固国不以山谿之险,威天下不以兵革之利。

这句话实际上是刚才那几句话的一个推演。正因为"天时不如地利,地利不如人和",所以,统治者要记住这样一个道理:域民不以封疆之界,固国不以山谿之险,威天下不以兵革之利。"域民不以封疆之界"中的"域"是区域的界限的意思。那么"域民不以封疆之界"就是说,管理民众不能靠把他们限制在这样的圈子里,不能靠管理森严的边界。"固国不以山谿之险"的意思是,你要使这个国家稳固,不被别人攻破,不能仅仅靠你占有的有利地势、地形,比如大山、大河的阻隔,这是不行的。"威天下不以兵革之利",你管理民众,稳定国家,扬威天下,不能仅仅靠物质的因素、管理严格的边界或者有利的地形,也不能靠着先进的武器,要靠人。这句话是前面那两句话的引申,它进一步告诉人们,人和是最重要的。孟子的话到此并没有结束,他又做了引申。

得道者多助,失道者寡助。

这两句话实际上是对前面那几句话深刻内涵的揭示。为什么"天时不如地利,地利不如人和"呢?为什么"域民不以封疆之界,固国不以山谿之险,威天下不以兵革之利"呢?原因就在于"得道者多助,失道者寡助"。"得道"就是符合道,"失道"就是违背道。在孟子那里,这个"道"就是仁政之道,实现王道的道,也就是正确的政治方法。我们今天读这句话,不能把"道"的含义局限于此,在我们看来,符合历史的发展规律就是道,符合最广大人民的根本利益就是道,符合正义、公平就是道。你的所作所为符合了道,就能够得到更多的支持,如果违背了道,就得不到大家的支持,这就是"得道者多助,失道者寡助"。

寡助之至,亲戚畔之;多助之至,天下顺之。以天下之所顺,攻亲戚之所畔;故君子有不战,战必胜矣。

"多助"最好的结果就是天下顺之。普天之下的人民都顺从你,归顺你,这是多助的最高境界。"寡助"最极端的结果是"亲戚畔之",就是连你的亲戚都背叛了你,就像我们说的众叛亲离。以天下顺之这种情况,去攻打连亲戚都背叛的人,除非不去打他,要打他肯定战无不胜。

孟子这段论述层层递进,一气呵成,进一步讲述了人和的巨大威力。首先,人和具有强大的凝聚力,即使没有疆界限制,人们也会对国家不离不弃;其次,人和构成坚强的堡垒,没有地利同样可以克敌安邦;另外,一国人和不靠武力也可以威行天下。据此,孟子得出一句流芳千古的治国名言:得道者多助,失道者寡助。孟子的这些话,是对历史经验的总结,是对政治规律的概括,他真正抓住了历史发展的规律,抓住了政治活动的内在规律。

这样的道理被古今中外的历史所证明。曾几何时,秦始皇建立了强大的王朝,扬威天下,但是由于他的所作所为伤害了民众,因此他就失去了民众的支持,陈胜、吴广揭竿而起,天下大乱,顷刻之间,强大的秦王朝灭亡了。

一个新的王朝建立,一个新的政权建立,都要充分关心民众的疾苦。

秦始皇

陈胜吴广起义

比如，西汉初年奉行与民休息的政策，因此他们得到了民众的拥护，这个王朝从而慢慢富强起来了。然而过了很多年以后，统治者又忘乎所以了，这慢慢伤害了民众的利益，使得民众不能过上稳定的、幸福的生活，因此民众不拥护统治者了，统治者又垮台了，又一个新的王朝诞生了。

所以，我们从历史的经验来看就是这样，"得道者多助，失道者寡助"，人民的拥护、支持是政治工作最关键的、最根本的一个因素。我们也看到，孟子并不迂腐，儒家并不迂腐，他们并不仅仅讲仁义道德，还从政治、历史的发展中进行理性的思考和概括，从而给人们讲出深刻的道理，并且要求人们遵循这样的道理。

那么，孟子得道多助、失道寡助的观点有什么现实的意义呢？

无论古今中外，人民的拥护都是关键的，任何一项政治措施，任何一个政权的巩固，都要得到人民的拥护。孟子在这方面当然也有很多的讨论，概括起来说，就是满足民众的需要，充分考虑到民众的利益。老百姓想要什么，你就要给他什么，老百姓想要温饱，你就不要把他们弄得妻离子散、冻馁其身，这都是说要充分地考虑到民众的利益。也就是说，要以民众的利益为最大利益，从民众的利益出发去制定政治的措施、方针和纲领。只有满足最广大人民的根本利益，这样的措施才得以推行，方针才是正确的，你的这个政权也才是稳固的。

第九章　舍我其谁

《梁惠王下》中记载,公元前314年燕国发生内乱,齐宣王趁机出兵伐燕,取得了胜利,想借机吞并燕国。孟子认为,是否吞并燕国取决于百姓的意愿,如果是为了解救燕国百姓于水火,那么会受到他们的欢迎。而齐宣王却无视孟子的劝解,一举攻占了燕国的十座城池,并在所到之处大肆掠夺。这不仅触怒了燕国百姓,更招致其他各国的一致反对,群起而将齐军赶出了燕国。

齐宣王在这件事情上陷入了一种尴尬的两难境地。孟子也觉得很失望,就打算离开齐国。虽然孟子去意已定,但是他的心情是很沉重的,因为他毕竟在齐国待了那么长的时间,在齐国有这么高的地位。一旦离开了,他觉得还有点留恋。但即使是这样,他还是决定走。此时,他的心情怎么沉重?齐宣王是怎么挽留他的呢?

孟子致为臣而归……他日,王谓时子曰:"我欲中国而授孟子室,养弟子以万钟,使诸大夫国人皆有所矜式。子盍为我言之!"

孟子提出辞职要回家了。齐宣王知道了,对时子说,我想在国都的中心送给孟子一套房子,同时给他万钟的粮食。"钟"是一种计量单位,给他万钟的粮食,就是给他很多粮食,让他养着很多子弟。这样可以"使诸大夫国人皆有所矜式",让我的国家里的官员们和百姓都有榜样,有所效法。"矜式"是榜样的意思。齐宣王说,你何不替我去说服孟子呢?时子就把这话传过来了。

孟子曰:"然。夫时子恶知其不可也?如使予欲富,辞十万而受万,是为欲富乎?"

孟子说,时子这个人怎么能知道这是行不通的呢?如果让我去追求财富的话,那我为什么要辞掉十万钟的俸禄,而接受万钟的俸禄呢?孟子做客卿的时候,俸禄每年十万钟,是很多的。但是他要走了,齐宣王觉得孟子走了很可惜,以后有什么问题,也没有人可以请教了,就想在国都中心给孟子安排一处住所,然后给他万钟的薪俸,孟子当然是不可能接受的。孟子不是贪财之人,而是在这里讲了一个道理。他要告诉时子,他不懂这其中的道理,以为我就是想以走要挟齐宣王,抬高我的身价呢。不是这样的,孟子引用了当时一个叫季孙的人的话。

季孙曰:"异哉子叔疑!使己为政,不用,则亦已矣,又使其子弟为卿。人亦孰不欲富贵?而独于富贵之中,有私龙断焉。"

季孙说:"异哉子叔疑!"子叔疑也是当时的一个人。他做了官,但国君不采纳他的主张,他却又让自己的弟子去做官,这是让人感到奇怪的事情。孟子说,谁不想富贵呢?但是在追求富贵的过程中,有一种人是想垄断富贵。接着,他讲了这个道理。

"古之为市也,以其所有易其所无者,有司者治之耳。有贱丈夫焉,必求龙断而登之,以左右望而罔市利。人皆以为贱,故从而征之。征商自此贱丈夫始矣。"

在古代的市场上,人们都来这里进行商品的交换,管理者维持秩序。但是有一个低贱的男人来到市场上,一定要找一个高的地方登上去,左右观察,看哪里的东西便宜,他就去把它买过来,然后再去别的地方卖。这样他就网罗了市场的利润,再进一步说,就是操纵了市场的利润。"人皆以为贱",大家就都看不起他,然后就从他那里征税。"征商自此贱大夫始矣",意思是商业上的征税就是从这里开始的。

征税是不是真是从这里开始的呢?我们不得而知。但孟子这句话讲了这样一个道理,辞官而去并不是因为俸禄少,而是因为齐宣王没有实行我的主张,道义上没有尊重我。另外,他的这句话也是在讽刺齐宣王,别想着拿点东西来收买他。孟子很委婉地讲出了他对齐宣王的不满,也很委婉地讲出了他回绝齐宣王的理由。

"龙断"这个词，本义用来形容地貌，专指高耸而独立的土丘，在这里孟子用来形容那些一心想把持市场、独霸利润的人，由此衍生出了现代汉语中"垄断"一词的含义。面对齐宣王的优厚条件，孟子还是选择离开他待了很多年的齐国，尽管他的这一决定包含着壮志难酬的遗憾和不舍。

孟子离开齐国时心情是很沉重的，他走到路上的时候就很不高兴。

孟子去齐。充虞路问曰："夫子若有不豫色然。前日虞闻诸夫子曰：'君子不怨天，不尤人。'"

孟子离开齐国。他的学生充虞就在路上问他的老师，老师啊，你好像有点不高兴的样子。"若"是好像，"夫子"是老师，"不豫"就是不高兴。他说我前几天听到老师您说，不埋怨天，也不埋怨人。那你今天为什么不高兴呢？

曰："彼一时，此一时也。五百年必有王者兴，其间必有名世者。由周而来，七百有余岁矣。以其数，则过矣；以其时考之，则可矣。"

孟子说，那是那个时候，这是这个时候。"五百年必有王者兴，其间必有名世者"，"名世"中的"名"好像应该是"命"，也就是"命世"。什么叫"命世"？辅佐君主成就大业的人叫命世者。历史上有这样的命世者，比如辅佐商汤王治国的伊尹，辅佐周成王治国的周公。孟子说，隔五百年就会有一个王者起来，像尧、舜、禹、商汤王、周文王、周武王这样的王必会出现。但在这五百年中间，必有命世者，必有辅佐这些人成就王业的一些道德高尚、知识丰富的人，像伊尹、周公一样。他接着说，从周朝建国算起，已经过了七百年了。"以其数，则过矣；以其时考之，则可矣"，我们不考虑它的年头，只考虑这个时代的话，还是可以出现圣王的。

"夫天未欲平治天下也，如欲平治天下，当今之世，舍我其谁也？吾何为不豫哉！"

他说，上天还不想让天下稳定、统一，如果上天要让天下统一、稳定，由谁来做这个事情呢？舍掉我，还有谁呢？那我为什么不高兴呢？这一段话,孟子讲得很有特色,很精彩,活灵活现地刻画出了孟子那种复杂的心态,既失望又不甘心,又有点怀才不遇的感伤。

孟子这段论述留下了哪些名言?这些名句表现了孟子怎样的精神世界呢?

首先,"君子不怨天,不尤人"。这句话是孔子说的,孟子做了转述。为什么孟子说"君子不怨天,不尤人"呢?因为君子是反求诸己的,严于律己,只从自己的内心寻找原因。在现实的生活中,每个人的人生都有顺利的时候,也有坎坷的时候。有的人就可以正确对待,不怨天,不尤人,心态总是保持平和;有的人就做不到这一点,总是怨天尤人,牢骚满腹,这样就活得很不痛快。这就是人的心态问题。当然孟子在这里说,也是给自己一种解脱,因为孟子实际上很不高兴、很失望,所以他学生才说他好像有不高兴的样子。作为君子,应该做到不怨天,不尤人,保持一种平和、豁达的心态。

其次,"此一时,彼一时也"。这是孟子自嘲的一句话。今天,这句话仍然可以作为解脱自己、安慰自己的一句习语。这句话也有它的道理,什么道理呢?由于时间、地点、条件的不同,那么我们的主张、认识也应该有所不同。人不应该太固执,过去说的话,今天不一定非得照着去做。君子"言不必信,行不必果,惟义所在"。只要是以道德仁义去衡量,应该的,我就去做,不应该的,我可能不做,那个时候我说了,可是现在用道德来衡量,可能不应该做。

再次,"五百年必有王者兴"。这既是孟子对历史发展规律的概括,也充分地显示出他对历史发展的信心,他相信圣王会出现的,他相信王道会实现的。孟子如果没有这样坚定的信念,就不会孜孜不倦地去追求、去宣传、去奔走。

最后,孟子说:"如欲平治天下,当今之世,舍我其谁也?"这个"天"是泛指,也就是历史发展的规律和历史发展的偶然性和必然性。因为单个的人或者某一个时代的人，对历史发展的改变是很有限的。历史的发展实际上是人们的各种活动、各种利益较量的一种合力所推动的。因此，历史发展的内部动力和原因，并没有完全契合某一个人、某一群人的需要和利益。所以历史对每一个人或每一群人来说都是超然的。古人不懂这个道理，所以孟子说，如果上天想让天下统一稳定，谁来承担这个责任呢？当今之世，离了我还有谁呢？这句话表现了他的两种心情，一种是他昂扬的斗志和充分的自信，另外一种就有点哀叹时不我待、怀才不遇的心情。这句话淋漓尽致地展示出孟子的个性。

通过以上的讲述，我们可以清楚地感受到，在那样一个烽火连天、硝烟弥漫的动荡时代，面对民不聊生、困顿凋敝的惨状，还是有一批以天下为己任的有识之士，在为天下统一而慷慨奔走、高歌壮行。孟子就是他们中间杰出的代表。在怀着难言的情绪离开齐国之后，孟子辗转了好几个国家，在这些国家游历期间，孟子与当时来自各个不同学派的学士进行了广泛探讨和激烈辩论，这些事迹在《孟子》一书中都有记载，为后世留下了宝贵的资料。

第十章　劳力劳心

孟子离开齐国,来到了滕国。滕国是一个小国,就在齐国和楚国之间,大概就在现在的山东省滕州市。滕文公经常向孟子讨教,即位之后,三年丧礼一结束,就礼聘孟子来到滕国,向孟子求教治国的办法。滕文公实现王道的主张,在当时产生了一定的影响。因此,很多士人纷纷前来投靠滕国。

滕文公

许行

当时有一个学派叫农家,是神农之家,简称农家。这个学派很有特点,学派的领袖叫许行。他听到滕文公要实行王道,实行仁政,就从楚国来到了滕国。他找到滕文公说,听说您要实行仁政了,我们很感兴趣,愿意成为您的臣民,您给我们一块地,我们盖个房子,在这儿住着就行了。滕文公允许他了,他就在这里住下了。另外,还有一个人叫陈相,也在这个时候来到了滕国。他一碰见许行,就被许行的学说征服了,他就把自己过去所学的东西全部丢掉了,转而学习许行的思想。有一天,陈相碰到了孟子。

陈相见孟子,道许行之言曰:"滕君则诚贤君也。虽然,未闻道也。贤者与民并耕而食，饔飧而治。今也滕有仓廪府库，则是厉民而以自养也。恶得贤？"

　　陈相说，人们都说滕文公是个贤者，要行仁政，但是我看不是这样，因为我到了滕国之后，发现有很多这样的仓库，这是剥削老百姓而来的，这是从老百姓那里拿来的。从老百姓那里拿来东西，存在这里为自己用，这不能叫作贤者。按照农家的主张，贤者应与民并耕而食，肩并肩地种地，种地打下的粮食做自己的口粮。就是说，自己要自食其力，亲自参加劳动，不能去老百姓那里拿粮食来吃。

　　"饔飧而治"，"饔飧"是做熟的东西，说得简单点就是饭，早上的饭叫"饔"，晚上的饭叫"飧"。"饔飧而治"，就是说不管是君主还是谁，不管多忙，你都要自己劳动，自己做饭，然后再来治国，这才叫贤者。

　　孟子在这个问题上很有主张。但是怎么样说服陈相呢？孟子慢慢地由近及远、由浅入深地又运用起高超的论辩技巧来了。

　　孟子曰："许子必种粟而后食乎？"曰："然。""许子必织布而后衣乎？"曰："否，许子衣褐。"

　　孟子说，许子一定是自己种粮食然后再吃吗？陈相说，是啊。孟子又问了，许行是自己织布做衣裳穿吗？陈相说，不是，他不穿布，他穿褐。"褐"就是很粗的衣裳，有人说就是用麻织成的很粗的衣裳。孟子在这个地方没有找着破绽，他又接着问了。

　　"许子冠乎？"曰："冠。"曰："奚冠？"曰："冠素。"曰："自织之与？"曰："否，以粟易之。"曰："许子奚为不自织？"曰："害于耕。"

　　许子他戴帽子吗？陈相说，戴啊。戴什么帽子？陈相说，戴称作"素"的帽子。什么叫"素"？素是没有染色的丝织的东西。这是他自己织的吗？陈相说，这是他拿粮食换的。他为什么不自己织呢？陈相说，如果这个也自己织，就会妨碍他种地了。

　　曰："许子以釜甑爨，以铁耕乎？"曰："然。""自为之与？"曰："否，以粟易之。"

　　孟子接着又问了。许子做饭是用盆盆罐罐来做吗？耕地是用铁器来耕吗？陈相说，是啊。那他做饭的炊具和耕地用的铁锨犁，也是自己造的吗？陈相说，不是，是用粮食换的。孟子问，他为什么不自己打造这些炊具啊？陈相说，自己造就耽误他劳动，妨碍他种粮食了。

　　孟子接连设问，逐步将陈相引入了自己的逻辑圈套。接下来他将如何继续提问，并阐明自己的观点呢？

　　"以粟易械器者，不为厉陶冶；陶冶亦以其械器易粟者，岂为厉农夫哉！且许子何不为陶冶，舍皆取诸其宫中而用之？何为纷纷然与百工交易，何许子之不惮烦？"

　　农夫用粮食交换农具和器皿，不算伤害了陶工、铁匠的利益。那么陶工和铁匠也拿他们的农具和器皿交换粮食，难道这是伤害了农夫的利益吗？为什么许子不把家里的东西全都扔掉，自己打铁、烧陶呢？为什么他那样不厌其烦地拿粮食去交换这些东西呢？

　　曰："百工之事固不可耕且为也。""然则治天下独可耕且为与？有大人之事，有小人之事。且一人之身，而百工之所为备，如必自为而后用之，是率天下而路也。"

　　陈相说，各种工匠本来就不能一边耕种，一边又干他们的事情。各行各业生产不同的东西的人，就叫"百工"。孟子接着直指主题了。既然百工的事，农民都不可能一边种地一边去做，那么难道治理天下可以一边耕种一边又干他们的事情吗？陈相当然没有回答。孟子接着说，天下有官吏的事情，有平民的事情，而且一个人就需要各行各业所生产的东西。如果一定要求每个人把他所使用的各种各样的东西都自己做出来，这是引导大家走上一种贫穷、挨饿、受冻的道路。因此，这是行不通的。

　　孟子与陈相就"君民并耕而食"的主张进行了辩论，并将这一问题与治国之道联系起来。那么孟子这一系列论述的结论是什么呢？

故曰或劳心,或劳力;劳心者治人,劳力者治于人;治于人者食人,治人者食于人,天下之通义也。

孟子说,有的人累心,有的人出力。也就是说,有的人动脑子,有的人出体力。"劳心者治人",动脑子的人管理人。"劳力者治于人",劳动体力的人被人管理。"于",在这里表示被动的意思,被人去治理。"治于人者食人",被人管理的人提供食物给他人。"食"就是食物,在这里作动词,就是供养他人的意思。"治人者食于人",管理人的人被人供养。这是天下普遍的道理。

重农学派主张君民"并耕而食",认为如果君主不能与百姓同耕同食,就不能称为贤君。孟子尖锐地驳斥了这一观点,并由此推导出了社会分工专职的理论。劳心、劳力性质虽然有所不同,但对社会都有着不可替代的贡献,这是孟子思想的独到之处,直到今天,仍然有着广泛的影响。

"从许子之道,则市贾不贰,国中无伪。虽使五尺之童适市,莫之或欺。布帛长短同,则贾相若;麻缕丝絮轻重同,则贾相若;五谷多寡同,则贾相若;屦大小同,则贾相若。"

按照许行的观点,"则市贾不贰,国中为伪"。同一种产品只有一个价格,就没有假冒伪劣了。陈相举了例子,说这样以后,就是派一个小孩去市场上买东西,也不会被蒙骗。布帛的长短如果一样,价格就相同;麻线丝绵的重量如果一样,价格就一样;谷物的多少如果一样,价格就一样;鞋的大小如果一样,价格就相同。陈相讲出了这样一番道理。

曰:"夫物之不齐,物之情也。或相倍蓰,或相什佰,或相千万。子比而同之。是乱天下也。巨屦小屦同贾,人岂为之哉!从许子之道,相率而为伪者也,恶能治国家?"

孟子不以为然。"夫物之不齐,物之情也",东西和东西不一样,这是真实情况。"物"就是东西、产品,也包括生活必需品。"物之不齐"就是说,质量不一样,价值也不一样。"物之情"中的"情"在这里是真实情况的意思。

"物之不齐"会到什么程度呢？东西和东西之间可能会差一倍，也可能差五倍，或者差百倍、千倍乃至万倍。"蓰"就是五倍的意思。东西本来就不一样，你却要"比而同之"。"比"是把它们放在一起。"是乱天下也"，这是搞乱天下的奇谈怪论。所以孟子说，要听许行的话，按照许行的理论去做，那是引导大家都去做假了，这怎么能是治国呢？虽然说，"市贾不贰，国中无伪"，实际上却是鼓励大家去作伪。缺斤少两，偷工减料，这不就是作伪吗？所以，孟子对许行的第二个主张也坚决不同意。

孟子的这些观点在现代经济学中，被称为社会分工学说和劳动价值论。这两个在今天看来仍然十分重要的问题，早在中国的战国时期就有了朴素的阐发，这足以说明孟子思想的独到与可贵。那么孟子这些思想对当今社会有什么现实的意义呢？

由于社会分工不同，人们在社会的生产活动中就会扮演不同的角色。角色不同，所起的作用也不同，就应该得到不同的报酬。脑力劳动和体力劳动是不能简单等同的，二者是倍加的关系。这个观点直接与绝对的平均主义的观点相对立，绝对平均主义是妨碍社会发展的。从这个意义上来说，孟子劳心劳力的思想，在我们今天是有现实意义的。

另外，"物之不齐，物之情也"的观点承认物品价值的不同。物品所承载的劳动不同，那就要尊重劳动，尊重创造，尊重价值，而不要搞绝对的平均主义，不要去伤害进行创造性劳动的人的积极性。要保护人们的创造性劳动，使人们能够生产出更好的产品来。

第十一章　出仕之道

孟子跟许行、陈相一样，也是士人。他们拥有文化知识，对社会历史进行反思，然后提出自己的主张，展望社会的未来，并且向世人宣传自己的理想，希望人们接受，特别是希望当权者接受。为此他们四处奔走，凄凄惶惶，上说下教，不遗余力。

士人是一个独特的社会群体，他们常常涉及人格和尊严的问题。人格和尊严有两方面的内涵：一方面，是不是为了做官而放弃自己的主张；另一方面，是不是为了做官就要降低自己的身份，践踏自己的尊严。在百家争鸣的时代，各色各样的士人都有，既有堂堂的君子，也有鸡鸣狗盗之徒。那么孟子主张什么样的观点呢？他自己又是怎么做的呢？

孟子在七十岁的时候来到魏国，以其道德学问，如果想谋取一个官职是轻而易举的事情，然而孟子却没有选择去做官，这不能不引起人们的疑问。当时的魏国人周霄就向孟子提出了这样的问题。

周霄问曰："古之君子仕乎？"孟子曰："仕。《传》曰：'孔子三月无君，则皇皇如也，出疆必载质。'"曰："士之失位也，犹诸侯之失国家也。"

周霄跟孟子有过交往，他问孟子，古代的君子出来做官吗？"君子"就是士人。他之所以问古代的君子，是因为有这样一个考虑，有很多问题谈当代不太好谈，古代离我们远，可以借古讽今。另外一个考虑是，古人非常信古，更古的人的所作所为他们都认为是正确的。因为有这两种考虑，周霄就问古代的君子是不是出来做官。孟子说，当然做官了。

孟子接着说，《传》中记载有孔子的一件事情，说孔子三个月不做官，就惶惶如也，然后就马上带上学生，套上车出国了，去别的国家求人家给他一个官做。"疆"是疆界，"质"是礼物，还一定要带着礼物。礼物有很多种，有一种说法是带上两只鸭子或者大雁去拜见各国的诸侯。所以就是说，孔子只要好长时间没有做官了，他就很慌张，就要出去寻求机会，带上礼物去拜见各国的诸侯。我想大概也是这样，这就是士人，今之士人也是这样。

孟子引这段话的意思是，古代的君子也是要做官的，不做官也会着急。孟子接着说，"士之失位，犹诸侯之失国家也"。士人丢了官位，如同诸侯把国家丢了。诸侯不能没有国家，那士人也不能没有官位，所以士人要做官。

"出疆必载质，何也？"曰："士之仕也，犹农夫之耕也。农夫岂为出疆舍其耒耜哉？"

周霄又问了，你要出国寻官做的时候，为什么要带着礼物呢？孟子说，士人出去做官，就好比农夫种地，这是他的工作。那么，农民种地的时候要带着工具，士人去做官也一定要带着工具。"耒耜"是工具。士人的工具就是拜见诸侯的见面礼。

面对周霄的提问，孟子以孔子为例，说明古代君子不但要做官，而且把做官看作非常迫切的任务。周霄进一步问道，既然做官如此迫切，魏国也有职位虚席以待，而孟子却不轻易做官，这又是什么道理呢？孟子并没有直接回答，而是通过一个事例，巧妙阐述了自己为官的主张。

曰："丈夫生而愿为之有室，女子生而愿为之有家。父母之心，人皆有之。不待父母之命、媒妁之言，钻穴隙相窥，逾墙相从，则父母国人皆贱之。"

孟子说，男子长大了就想找个老婆，女子长大了就想把自己嫁出去，男婚女嫁，合情合理。这也是父母着急的事情，人人都会是这样。但是，你要不等待父母的命令和选择，不等待媒人的牵线搭桥，就自己开个门缝，抠个墙眼，去看去找，爬墙头，私下爱慕，那么双方的父母和其他所有人都会看不起你。

在很长一段时间里，男婚女嫁都是要通过父母之命、媒妁之言的，这是一个正确的方法,孟子所处的战国时期,更是这样。私下相会,私下成事,都叫"不待父母之命,媒妁之言"。

"古之人未尝不欲仕也,又恶不由其道。不由其道而往者,与钻穴隙之类也。"

"古之人未尝不欲仕也",就是古代的人没有不想做官的,"又恶不由其道",但是讨厌不遵循正确的方法去做官。"由"是顺着、遵循的意思。他说,"不由其道而仕,与钻穴隙之类也",古代的人都是想做官的,但是他们又不愿意,或者讨厌不按照正确的方法去做官,不按照正确的方法做官的人跟私下相会的人是一类人。

这一段文字讲了两个道理:一个道理是,士人做官合情合理,士人就应该做官,这是他的本分;第二个道理是,士人虽然应该做官,但是应该以正确的方法做官,也就是说士人应该以道出仕。这是孟子在士人做官问题上的基本理念。那么怎么叫按照道去做官呢?

陈子曰:"古之君子何如则仕?"孟子曰:"所就三,所去三。"

当时有一个叫陈子的人问孟子,古代的君子在什么情况下才做官呢?孟子说,"所就三,所去三",留下来做官的情况有三种,离开不做官的情况也有三种。"去"就是离开。

孟子继续借古之君子之名阐述为官之道,提到决定是否做官有三种情况,那么这三种情况分别是什么呢?

"迎之致敬以有礼;言,将行其言也,则就之。礼貌未衰,言弗行之,则去之。其次,虽未行其言也,迎之致敬以有礼,则就之。礼貌衰,则去之。"

第一种情况,士人去了国君那里,求他任用,国君对士人很尊敬,礼贤下士,甚至走下自己的宝座迎接,给他很高的荣誉、地位以及很优厚的生活待遇,同时,国君还说一定要实现他的主张,在这种情况下,就应该留下来。如果国君虽然说了要按照这个士人的话去做,但是他没有做,这个国君对士人还是致敬以礼,在这种情况下,那就离开。这是最好的情况,也是孟子极力推崇的。

第二种情况,虽然不听士人的话,但是国君对士人很有礼貌,这种情况就留下来。那么等到有一天,国君对士人慢慢冷淡了,怠慢了,那就离开。这种情况就比第一种情况差一些,有点不得已而求其次。

"其下,朝不食,夕不食,饥饿不能出门户,君闻之,曰:'吾大者不能行其道,又不能从其言也。使饥饿于我土地,吾耻之。'周之。亦可受也,免死而已矣。"

第三种情况,士人在这个国家待着寻求做官的机会,君主对他很冷淡,也不听他的话,使得他早晚吃不上饭,饿得出不了门。这时候国君听说了,他就说,从大处说,我不能实行他的主张,又没有听他的话,并且还让他在我的国土上挨饿受冻,这是我的耻辱,于是派人给这个士人送来了很多粮食。在这种情况下,士人也可以接受。为什么呢?免于饥饿而死。这是最不济的情况,士人穷困潦倒到这个程度,也不得不这样。

通过这段讲述,可以总结出孟子的做官原则:首先,"迎之致敬以有礼",也就是说对士人要礼貌,因为我有知识、素养,有治国的主张,我有我的人格,你应该尊敬我,你不尊敬我,则什么都无从谈起。其次,要实行士人的主张。"立乎人之本朝,而道不行,耻也。"你做官的这个国家没有执行你的主张,甚至执行的路线跟你的主张正好相反,你应该引以为耻,就不能在这儿做官。这两条大概是孟子在士人做官问题上的基本观点。

通过陈子的提问和孟子的回答,我们可以看出,在春秋战国时代,贵族把持政权的传统做法已经在逐步解除,士人可以通过做官来实现自己的政治主张,但孟子的论述强调,作为一个道德高尚的君子,在做官这个问题上并不是来者不拒,而是去就有节,这才是真正把持自己的关键。

第十二章　求仕之路

在孟子看来，士人要力主实践自己的主张，要有气节和人格。但是，士人也有不得已的时候，为了活命也难免忍气吞声。也就是说，士人做官最高的境界是实践自己的理想，实践自己的主张，但有时候也会有其他的想法和目的。那么其他的想法和目的是什么呢？细读《孟子》，其他的想法和目的可能就是生存。用我们今天的话来说，是谋得一个职业。

士人是很重要的社会阶层，他们在谋求生存之道的时候，应该注意什么问题呢？如何去把握这个原则、把握这个度呢？孟子对此有精到的见解。

孟子曰："仕非为贫也，而有时乎为贫。娶妻非为养也，而有时乎为养。"

孟子说，做官并不是为了脱贫，但是有时候也是为了脱贫，为了改善自己的生活，这就像娶妻并不是为了侍奉父母。"非为养也"中的"养"是孝养父母的意思。因为娶妻是为了生子，为了传宗接代，但有时候娶妻也是为了孝养父母，因为一个人可能照顾父母不周到。这就证明了我们刚才说的，做官是为了实践自己的主张，但有时候也是为了生存，为了提高自己的生活待遇。

那么如果做官仅仅是，或者主要是为了脱贫，为了提高自己的生活待遇，我应该怎么办呢？

"为贫者，辞尊居卑，辞富居贫。辞尊居卑，辞富居贫，恶乎宜乎？抱关击柝。"

什么叫"辞尊居卑"？"尊"，高也；"卑"，低也。也就是说，如果仅仅是为了解决生活问题，我就要推辞地位高的官，选择地位低的官。用通俗的话来说，就要辞掉高官，选择小官，这才合适。"辞富居贫"是什么意思？"富"和"贫"在这里是讲工资的多少，俸禄的多少。古代官员的俸禄是靠田产的，哪个品级的官员有多少田产都是有规定的，俸禄跟官位的级别是成正比的。

孟子为什么要这样想呢？我不就是为了解决生活问题吗？为什么我不选择高官、俸禄丰厚的官，而选择小官、俸禄低的官？这大概就是孟子真实的想法。孟子又举了很多例子，说孔子就是这样。孔子自幼丧父，一生艰辛，《论语》里面记载了他这样一句话：吾少且贱，故多能鄙事。孔子究竟担任过哪些地位低微的官职呢？《孟子》记载，他曾经做过管理仓库的委吏，还做过管理牲畜的小吏、乘田。尽管官职低微，但他还是能够尽力做好，并陶陶然自乐其中。

如果你"辞尊就卑，辞富就贫"，那么应该怎么办呢？"抱关击柝"的工作最合适。"关"就是城门，"抱关"就是守城门。"击柝"，"柝"就打更的梆子，中间为空的一个木块。过去有巡夜打更的人，过一个时辰或过两个时辰，就敲敲梆子，给大家报告是几更天了。孟子说，你如果真的是为了生存，那么你就应该不辞这样的小官，这才是正确的。

仅仅为了生存，之所以就应该选择小官，而不能选择大官，孟子在士人做官问题上还有一个想法。

"位卑而言高，罪也。立乎人之本朝而道不行，耻也。"

孟子是这样说的。"位卑而言高，罪也"，就是你的位置很低，是普通工作人员，但是你说的话很大，这是不应该的。这是孟子理解的在官场上、在行政管理中的一个规则。这句话后人又用四个字来说，叫作言不出位，或者叫司不出位，就是所想的、所说的话不超过职权范围。

更重要的一点在后边这句话："立乎人之本朝而道不行，耻也。"这句话能够解释我们刚才说的，为什么士为贫就要"辞尊居卑，辞富居贫"了。因为士人做官最高的境界是要实践自己的主张，而且取得良好的效果。但是这种境界有时候是达不到的，但士人也不能抱着自己的主张饿死，还要生存。如果你做大官，立于朝堂之上，但是你的主张没有被实践，甚至君主所执行的政策跟你的主张正好相反，那你在这里做官就是可耻了。因为你背叛了自己的主张，亵渎了自己的理想，为虎作伥，这是最不应该的了。

正因为这样，要做大官就要实践自己的主张，如果实践不了自己的主张，又要生存，那就做小官。那样的话，君主实行什么主张，可能跟你离得比较远，跟你关系不是太大，还是可以忍受、可以接受的。所以，为贫做官，就要"辞尊居卑，辞富居贫"。也就是说，"立乎人之本朝而道不行，耻也"。

如果你没有在朝堂之上做官，而是在最基层当了一个小吏，这个时候就另当别论了。如果君主没有照着你的去做，是可以接受的。因为你没有对君主实行影响，没有掌握这么大的权力。这就是孟子说的，为了生存去做官应该怎么做，真正的道理就在这里。也就是说，你一旦当了大官，就要实现自己的主张，否则你不要去当。如果你卖身求荣的话，就不配做一个士，不配做一个君子。这是孟子在讲做官之道的时候，讲的第二个观点。

除了以上两点，孟子的做官之道还包括哪些观点呢？

孟子还有一个观点，君子是不可以收买的。因为孟子在各个国家奔走，他每到一个地方，君主或者地方官员都会给他很好的接待，甚至送给他很多钱。但是对于送他的钱，有的时候他接受了，有的时候他不接受。所以他的学生，有时候就不太明白。他有一个学生叫陈臻的就问他了。

陈臻问曰："前日于齐，王馈兼金一百而不受；于宋，馈七十镒而受；于薛，馈五十镒而受。前日之不受是，则今日之受非也；今日之受是，则前日之不受非也。夫子必居一于此矣。"

陈臻说，前一段时间，您在齐国的时候，齐王送给您成色特别好的兼金一百镒，您没有接受，到了宋国，宋国的国君送给您七十镒的金子，您却收下了，后来又到了薛这个地方，这个地方的最高官员送给您五十镒的金子，您也接受了。这是什么道理呢？这个学生认为，这其中有对有错，有做得合适的,有做得不合适的。

孟子曰:"皆是也。当在宋也,予将有远行,行者必以赆;辞曰:'馈赆。'予何为不受?当在薛也,予有戒心;辞曰:'闻戒,故为兵馈之。'予何为不受?若于齐,则未有处也。无处而馈之,是货之也。焉有君子而可以货取乎?"

孟子就解释说,我做的这些事情都是有道理的。在宋国的时候,国君送给我七十镒金子,为什么送我七十镒金子呢?宋国的国君说,你要出远门了,路上要用得上这些钱,我送你的这些钱就做路费吧。因为宋王说送我的是路费,并没有送给我别的东西,我为什么不收呢?在薛地的时候,我有戒心,为什么有戒心呢?在薛地或离开薛地要走的时候,可能路上不安全,会遇到兵匪、强盗,需要买兵器用来防身。所以薛地的长官就说给我点钱置办武器,以作防备。他这么说,我为什么不接受呢?在齐国的时候,齐王送给我一百镒,但是他没有说送我一百镒的道理,我能接受吗?没有道理而接受人家的东西,这是不行的。没有道理而送给你钱,这是收买。通过跟他学生的对话,孟子解释了他很多的做法,后来他做了一个结论:"焉有君子而可以货取乎?"君子是不可以收买的。

以上的几则材料,分别讲述了孟子在士人、君子和做官问题上的精到见解。这些观点总结起来,阐述了孟子的什么思想呢?

在现在的社会组织中,人人都要求得发展,这个时候我们就要坚持道义,坚持理想,而不能为了发展而违背道义,违背原则,甚至违背法律,这都是不行的。孟子是这么想的,也是这么说和这么做的。孟子在列国之中来回奔走也是为了做官,在这个过程中,他遇到了很多事情,而且做得很好。我们今天读《孟子》这本书,不禁感叹孟子的气节、气概,在他坎坷的求仕道路上,处处可见昂扬的气概和理智的选择。

第十三章　士人尊严

孟子强调士人的气节,强调做事做人的原则,他是这么说的,也是这么做的。我们今天读《孟子》,会觉得他非常有个性,这就是活生生的孟子。

　　在齐国的时候,孟子要去朝见齐宣王,临出门时遇到齐宣王派人来说,他本来应该来看孟子,可是不巧身患感冒,加上明天早晨要上朝,不知能否明天早朝再见。孟子马上说,不巧我也生病了,明天不能上朝相见了。

　　次日,孟子的好友东郭大夫去世了,孟子前去吊唁。公孙丑对孟子说,昨天您称病拒绝了齐宣王的召见,而今天却前往吊唁,这恐怕不妥吧。孟子理直气壮地说,我昨天生病了,今天病已经好了,怎么不能去吊唁呢?

　　可是,此时齐宣王又假惺惺地派来了医生,实际上是来探听虚实。孟子出门去吊唁了,他的学生孟仲子在家接待了齐宣王派来的人。孟仲子就说,昨天有王命让我们去拜见大王,不幸老师病了,今天病刚好一点,我的老师就急急忙忙上朝去了,不知道他现在到了没有。孟仲子也只能这样赶紧搪塞。同时,又派人赶快去告诉孟子,并且在好几个路口守着,不让孟子回来。

　　孟子不得已就跑到了一个叫景丑氏的朋友家里住了一晚上。他就跟景丑氏谈起了这件事,景丑氏埋怨他对齐宣王不尊重。孟子一听,很不高兴,说我怎么对齐宣王不尊重呢? 整个齐国没有一个人在齐宣王面前讲述仁义道德,并不是因为他们不知道仁义道德是好东西,而是因为他们心里想,齐宣王不配他们来讲,他们从心里就不尊重齐宣王,而我却不同,在齐宣王的面前,非尧、舜之道不讲。因此,怎么能说我不尊重他呢?景丑氏又说,君主要召见你,你却托词不去,这不合礼制。孟子一听,又不同意了。

曰：“……天下有达尊三：爵一，齿一，德一。朝廷莫如爵，乡党莫如齿，辅世长民莫如德。恶得有其一以慢其二哉！”

孟子说，天下最受尊重的有三样东西：爵位、年龄以及德行。这三样东西有不同的适应范围：在朝廷之上，最受推崇的就是爵位；在民间，年长者最受尊重；在辅助君主治理天下方面，最受尊重的是道德。“辅世”就是辅助君主治理天下，教化民众，移风易俗；“长民”就是引导民众向善。

天下有三种受尊崇的东西，它们各有其适应的领域和范围。孟子引这个话是说，齐宣王不能因为自己有其一而慢其二，不能因为拥有最高的地位，就怠慢了其他两种价值“齿”和“德”。论年龄，我比你年长；论德行，我也比你好。

故将大有为之君，必有所不召之臣，欲有谋焉，则就之。其尊德乐道，不如是，不足有为也。

所以，想大有作为的君主，身边一定要有不召之臣。不是由他来召唤臣，而是要礼贤下士，去登门拜访求教，就像刘备三顾茅庐去请诸葛亮。想跟这些人去请教商量，要自己主动登门。“就”是靠近的意思。如果遵德乐道没有达到这个程度，你是不可能有所作为的。从这种计较之中，我们看到了孟子的特点和气概。

孟子奔走于各国之间的时候，他的出行队伍有时候是相当庞大的，跟随的车辆有数十乘之多，随从弟子也多达数百。可见，在当时，孟子以其渊博的学识和高尚的

三顾茅庐

德行,受到了人们充分的尊重。而孟子的弟子彭更却认为,士人无事而食,不像普通百工那样,通过制造产品换得食物,这样好像有失妥当。因此,他向孟子提出了这样一个问题。

彭更问曰:"后车数十乘,从者数百人,以传食于诸侯,不以泰乎?"

彭更问,以这样几十辆车、几百人的庞大队伍,在诸侯之间奔走找饭吃,这不是太过分了吗?孟子的队伍确实显示出他当时的气派之大,也说明在当时,这些有学问、有德行的人是挺受重视的。"泰"是过分的意思。

孟子曰:"非其道,则一箪食不可受于人;如其道,则舜受尧之天下,不以为泰——子以为泰乎?"

孟子说,如果不符合道的话,即使是一筐饭,我也不能接受他人的;如果符合道的话,就像舜从尧手里把天下接过来了,舜也不以为过分。舜把天下拿到手里都不觉得过分,我就几十辆车和几百个人,在各国之间宣传道义,而受到良好的接待,你就觉得过分吗?

孟子这段论述可以归结为"士人君子得道则泰然处之"的观点,从而驳斥了那些认为士人不劳而获的看法。接下来,孟子与彭更继续对话,并阐述自己的观点。

曰:"否,士无事而食,不可也。"

彭更说,不对的,士人君子没有做什么事情而得到报酬,这是不行的。这个观点反映了当时的人们对士这一阶层的看法。人们认为他们没有对社会做出贡献,却得到了很多的利益,大家对此表示异议。

曰:"子不通功易事,以羡补不足,则农有余粟,女有余布;子如通之,则梓匠轮舆皆得食于子。于此有人焉,入则孝,出则悌。守先王之道,以待后之学者,而不得食于子。子何尊梓匠轮舆而轻为仁义者哉!"

孟子反驳他说,你如果不让各种物质产品流通,互通有无,那么农民就有剩余的粮食,妇女就有多余的布;你如果让它们流通起来,木匠和车工就可以从你那里得到吃的,你就对天下做出了贡献。有这么一群人,他们做的事情是在家孝顺父母，出外就尊敬兄长，坚守先王的主张，等待将来的读书人发扬光大，却得不到粮食。你为什么那么尊重工匠和车工而轻视实行仁义的人呢？

曰："梓匠轮舆，其志将以求食也；君子之为道也，其志亦将以求食与？"

彭更说，造家具、车子的工匠们的目的就是，用这些产品去交换粮食等生活所需的东西；士人君子讲仁义道德，其动机也是谋取粮食吗？这里谈到了"志"的问题，"志"就是动机、目的。这个问题听起来很难回答，但又很有意思。

曰："子何以其志为哉！其有功于子，可食而食之矣。且子食志乎？食功乎？"曰："食志。"

孟子说，你为什么仅仅讲志呢？你是因为动机给他们饭吃，还是因为功劳给他们饭吃呢？这里又提了"功"的问题。

孟子提出了对"食志"和"食功"的选择，这二者分别有什么含义呢？"功"和"志"是相对的概念："功"就是结果，"志"就是动机，行为之前是动机，行为之后是结果。评价一个人的行为的社会价值，既要看动机，更要看结果。在这个问题上，只看一方面是不正确的。孟子在这里提出这样一个概念：你对他们的评价是按照他们的志向，还是按照所做的结果呢？彭更的回答是"食志"，按照他们的志向来评价。也就是说，他是根据他们做事情的目的来评价，并给予报酬的。孟子对此不以为然。

曰："有人于此，毁瓦画墁，其志将以求食也，则子食之乎？"曰："否。"曰："然则子非食志也，食功也。"

孟子说，有个人的志向是建一所房子，但是他建得很糟糕，把瓦全弄碎了，墙也肮脏不堪，房子也不能住，他说他的目的是想建好房子以后卖钱，但是造出来的却是这么糟糕的房子，那么你会给他报酬吗？彭更说不给。孟子就说，你是按照结果来给报酬的，而不是按照动机来给报酬的。

在对待士人态度的问题上,孟子的观点非常鲜明,他认为,士人即使没有直接从事生产劳动,但他们宣传道义,弘扬精神,移风易俗,教化民众,同样对社会做出了积极的贡献,因此,对士人的尊重就是对知识和思想的尊重。这一观点,对于当今社会仍然有一定的现实意义。

第十四章 孟子的"三不主义"

作为一位杰出的儒家思想家，作为一位纷乱年代的活跃士人，孟子始终强调，人要有独立的人格，要有尊严和气节。孟子在很多地方都讲到了这一点。在《滕文公下》的第二章，孟子跟他的学生有一次对话。这次对话中，孟子把他的这种思想更突出、鲜明地讲了出来。

景春曰："公孙衍、张仪岂不诚大丈夫哉？一怒而诸侯惧，安居而天下熄。"

孟子的学生景春问他，现在都讲大丈夫，那么公孙衍和张仪算不算大丈夫呢？好像在他看来应该算大丈夫，因为公孙衍和张仪一生气，天下的诸侯就都很害怕，而公孙衍和张仪一安静下来，天下也就平静了。这是怎么回事呢？

战国中期以后，秦国势力日强。东方各国在与秦国的关系上，有的主张联合对秦，称为合纵；也有的主张对秦合好或屈服，称为连横。当时，从事合纵连横的活动家被称为纵横家。张仪和公孙衍就是这一学派的代表人物，其中张仪主张连横战略，而公孙衍则主张合纵，他们奔走于各国之间，宣传自己的策略，最后身配五国相印而归。

这一类人在当时确实很有影响，各国的诸侯都很欣赏他们，就像景春说的那样，他们一生气，各国都很害怕，因为

张仪

公孙衍

西部的秦国那么强大，各国都需要他们出主意。他们一安静下来，各诸侯也就安静下来了。看起来他们很了不起，景春这么认为。这也代表了当时相当多人的看法，试想身上带着五国六国的相印，那么浩大的气势和仪仗，走到哪里都耀武扬威，浩浩荡荡，真是好不气派。

可是，孟子不以为然，他举了一个例子。

孟子曰："是焉得为大丈夫乎！子未学礼乎？丈夫之冠也，父命之；女子之嫁也，母命之。往送之门，戒之曰：'往之女家，必敬必戒，无违夫子！'"

孟子说，他们哪里算得上大丈夫呢？你学过礼了吗？"礼"就是礼仪规范，礼仪制度。一个男孩到了成人礼的时候，要听父亲的；一个女孩到了该出嫁的时候，要听母亲的，当她出嫁的时候，母亲把她送出家门，一边走，一边还要叮嘱，到了丈夫家要孝敬公婆、侍奉丈夫。"必敬必戒，无违夫子"，就是一定要谨慎小心，尊重公婆，不要违背丈夫，不要跟他对着干。这是当时的礼仪规范。

"以顺为正者，妾妇之道也。居天下之广居，立天下之正位，行天下之大道。得志，与民由之；不得志，独行其道。富贵不能淫，贫贱不能移，威武不能屈，此之谓大丈夫。"

孟子说："以顺者为正，妾妇之道也。"以顺从为标准，这是女人的道，这里当然有一点轻视女人的意思，但是在那样一个时代，确实也是这样的。他举这个例子，实际上是觉得公孙衍和张仪不过是妾妇之道。因为他们也是为了谋得职权和利益而奔走于各国之间，是投其所好、看风使舵，根本就没有自己的主张，这怎么能叫大丈夫呢？

那什么样的人算大丈夫呢？大丈夫包含着几层意思。

第一层意思："居天下之广居，立天下之正位，行天下之大道。"什么叫"居天下之广居"？"居"就是居住，在这里是安身立命的意思，就是说你要把人生的根本安放在什么地方。要安放在"天下之广居"，安放在最大的房子里,也就是要以仁为自己的安身立命之所。孟子曾说:"仁,是人之安宅也。"就是要以仁为最广大无边的家。

"立天下之正位","位"就是位置。每个人在社会中都有自己的位置,这个位置由你的血缘、年龄、职业分工和政治地位等决定,每个人都要待在自己合适的位子上,按照一定的规则履行自己所在位置上的职责和义务。"正位"就是礼仪制度的礼,它是儒家用来处理人们关系的规范体系,是用来调整和平衡社会结构的规范体系。

"行天下之大道",只要行动,就要有一定的规范,就要行天下之大道。"大道"就是义,仁义礼智的义。孟子也说过:"义,人之正路也。"义是人正确的道路,这个"正路"跟大道是一个意思。

"居天下之广居,立天下之正位,行天下之大道。"孟子提出了真正的大丈夫应该具有的品德,居广居为仁,立正位为礼,行大道为义。作为一个人,特别是作为一个士人,一定要以仁为根本,以礼为规范,以义为准则,不能有丝毫的违犯。这是孟子的大丈夫定义的第一层意思。

第二层意思:"得志,与民由之;不得志,独行其道。""志"就是自己的志向、愿望、动机。孟子讲的"得志"是针对士人来说的。"得志"是说每个士人都希望得到统治者的支持,得到一个官职,实现自己的主张。中国士人一个很重要的出路就是做官,得志就是做官,不得志就是没有做官。

得志的话,"与民由之"。"由",顺从的意思,"与民由之"就是跟着老百姓一块儿按照正确的道路走。也就是说,不要忘乎所以,还要坚持正确的道路,要让老百姓跟你一块儿坚持。不得志怎么办呢?"独行其道"。不得志的话也不要放纵自己,愤愤不平,不要把道义全部抛弃,要独行其道,在力所能及的范围里坚持道义,按照正确的方法去做。也就是说,要想成为一个真正的士人,成为一个有昂扬气概的大丈夫,无论在什么时候都要坚持自己的道义,无论穷达都要不坠青云之志。

第三层意思实际上是对第二层意思的引申,人的一生中不仅仅有穷和达这两种情况，还有更复杂的情况。作为一个士人，作为一个大丈夫，无论在任何情境、环境和条件之下，都要坚持自己的道德。

"富贵不能淫"，"富"，财富，"贵"，地位；"淫"，过分。富贵的时候，不能太过分。用我们今天的话来说，升官发财之后，不可不能自己。"贫贱不能移"，"移"，动摇的意思，"贫"，就是没有钱，生活拮据，"贱"，低贱，没有地位。贫穷低贱的时候被人看不起，你也不能动摇理想，还要坚持，不能随波逐流、同流合污。"威武不能屈"，"屈"，屈服，被人压服，"威"，威势，"武"，强权、威势。想成为一个大丈夫，在威势和强权面前不能屈服。不同的人有不同的态度和行为方式，有的忍气吞声，苟延残喘，有的放弃自己的原则，迎合强权人物，这都是屈服的，没有坚持原则。"富贵不能淫，贫贱不能移，威武不能屈"，就是讲无论在任何情况下，都要坚持自己的主张，坚持自己的道义，坚持自己的道德，只有这样才能称作大丈夫。孟子的"三不主义"不但成为后世有识之士的座右铭，更成为中华民族精神的生动写照。

当然并不是每个人都能够做到像孟子说的大丈夫，但是无论地位高低、财富多寡还是处于何种境地，人都要有一种精神。这是什么精神呢？

首先是为道义殉身的精神。人要有自己的道义，要有自己的原则，要有自己的理想，要维护这些理想，甚至在某种极端情况下，不惜以身殉道。

其次是为理想守望的精神。人一定要有自己的理想，要着眼于未来，而且要坚持这个理想，要努力去实现它，一点一滴地去做。

再次是为人本回归的精神，也就是回归人本主义。人是要有自己的精神的，因此要有自由的意志，有独立性和自主性，千万不能人云亦云，随波逐流，更不能同流合污。

最后是为民族奉献的精神。我们是中华民族的一分子，所做的一切都要有利于民族的发展，不做对我们民族不利的事情，要为民族的发展、昌盛奉献自己的力量。

孟子指出人要有一种精神,要有一种意志,要有一种气节。从人类学、人本学的角度来讲,孟子的话是对人的主体精神的张扬和礼赞。虽然孟子的话主要是对士人讲的,但是每个普通人亦当如此。

第十五章　为政之道

在孟子的眼中,士人不能仅仅独善其身,更要兼善天下。所以孟子所讲的重点,并不仅仅在于告诫士人自己应该怎么做,而更在于告诉士人应该帮助君主怎么做,在君主之下怎么做。

在《离娄上》第一章中,孟子提出这样一个观点:"徒善不足以为政,徒法不能以自行。"意思是只有善德不足以处理好国家的政务,只有法令也不能够使之自动发生效力。他意在说明,仅仅闭门修养德行是不够的,在善德和法令之间,还需要借助一定的方法和程序,才会让道义得以推行。为了说明这一观点,孟子用了两个非常著名也极具说服力的比喻。

孟子曰:"离娄之明,公输子之巧,不以规矩,不能成方圆;师旷之聪,不以六律,不能正五音;尧、舜之道,不以仁政,不能平治天下。"

离娄是传说中的一个人,眼力非常好。公输子就是公输班,木匠的始祖,他手很巧。他们一个眼睛很准,一个手很巧,但是如果没有规矩,他们也画不出方圆,所以他们还要有工具,有"规"和"矩"。"规"是我们今天说的圆规,"矩"是直尺。没有工具,眼睛再亮、手再巧,他们也画不出方圆。师旷是古代传说中的一名音乐家,对音乐很有感知力。但是他要没有六律,也调不出宫、商、角、徵、羽五音。"尧、舜之道,不以仁政,不能平治天下。"尧、舜有一套做法,但是不具体化为仁政,也不能平治天下。

今有仁心仁闻而民不被其泽,不可法于后世者,不行先王之道也。故曰:徒善不足以为政,徒法不能以自行。

今天很多人有仁心仁闻,但是老百姓却享受不到他们的恩泽,原因在于他们不行仁政,特别是不按照先王之道去做。"仁心仁闻"就是说他们有仁爱之心,也有仁爱的声望。也就是说,他们没有办法把仁德、仁心推而广之,没有像先王那样具体化为一种政治措施,所以老百姓享受不

公输班　　　　　　　　尧　　　　　　　　舜

到他们的恩泽。因此,"徒善不足以为政,徒法不能以自行"。仅有好的道德和理想,甚至好的方法,你如果不把它具体化为一种策略或者措施,还是不行的。因此,士人要帮助君主去做好这些事情。当然行仁政的前提是要有仁心,仁心和行仁政缺一不可。

故曰:为高必因丘陵,为下必因川泽,为政不因先王之道,可谓智乎?

因此,要想站得高,你就要站到山上,要想下得深,你就得跑到深谷中去。要推行好的政治,不按照先王的做法去做,就是不聪明的。所以,仁心、仁闻、仁德要和具体的实施方案结合起来。

是以惟仁者宜在高位。不仁而在高位,是播其恶于众也。故曰:城郭不完,兵甲不多,非国之灾也;田野不辟,货财不聚,非国之害也。上无礼,下无学,贼民兴,丧无日矣。

所以说,你要有仁德,要身居高位,这样才能推行好的政治。反过来说,也只有有仁德的人才适合在高位上,如果不仁德的人居于高位,则是凭借权力把不道德的东西推广开来,"是播其恶于众也"。因此, 对一个国家来说,城墙不完整、武器不充足不是灾祸,土地不广阔、财富不多也不是灾祸,"上无礼,下无学,贼民兴"才是灾祸。如果身居高位的人不讲礼仪道德,老百姓也不学习,造反、捣乱的人到处都有,这个国家就快灭亡了。

孟子的意思是,治理国家既要有仁德,也要有仁政,要把仁德和仁政结合起来。回到那句话,"徒善不足以为政,徒法不能以自行",就是"善"和"政"一定要结合起来,"法"和具体的措施一定要结合起来。

透过历史我们也可以看到,齐宣王不忍心看到一头牛去祭钟,而把牛换成了羊;梁武帝终日素食,祭祀时不用活的牲畜,而用面做成牲畜模型做祭品,遇到死刑案件也忍不住落泪。他们可以说是很仁慈的了,可百姓生活却依然很艰苦,就是因为他们不能遵先王之道,实行仁政,同时也只有仁者居于高位才能实现仁政,否则就是播其恶于众了。

士人不但要帮助君主行仁政,还要去引导君主向善,那么怎样去影响君主呢?孟子在《滕文公下》第六章也讲到这个问题。

孟子谓戴不胜曰:"子欲子之王之善与?我明告子。有楚大夫于此,欲其子之齐语也,则使齐人傅诸?使楚人傅诸?"曰:"使齐人傅之!"

孟子对宋国的大臣戴不胜说,你想让你的君主向善吗?我告诉你办法。有一个楚国的大夫,想让他的孩子学齐国的方言,你说应该让齐国人来教还是应该让楚国人来教他呢?戴不胜说,当然是让齐国人来教了。

曰:"一齐人傅之,众楚人咻之,虽日挞而求其齐也,不可得矣;引而置之庄岳之间数年,虽日挞而求其楚,亦不可得矣。"

孟子就说了,让一个齐国人教他方言,又让很多楚国人在他旁边喧哗,他能学好齐国的方言吗?也就是说,让一个齐国人教他,却又让这个孩子回到楚国人中间,听楚国人说话,他当然是学不好的。如果把这个孩子送到齐国首都一个叫庄岳的地方,在那儿待上十年,他回来以后,再想让他说楚国的话,他都不会说了。孟子从语言学习的角度讲了环境对向善还是不向善的重要影响。

"子谓薛居州,善士也,使之居于王所。在于王所者,长幼尊卑,皆薛居州也,王谁与为不善?在王所者,长幼卑尊皆非薛居州也,王谁与为善?一薛居州,独如宋王何?"

孟子又说，有一个叫薛居州的善士，很有道德、知识和操守，你要让他来到宋王的身边。如果宋王身边所有的人，无论年龄长幼、地位高低，都是像薛居州这样的善士，宋王还能不为善吗？但是如果待在大王身边的人，无论年龄长幼、地位高低，都不是像薛居州这样的善士，那么你想让大王向善，这可能吗？

　　所以，士人除了让君主接受自己的主张，追求至善，更重要的是要为君主创造一个善的环境，让善人善事围绕在君主身边，对君主施加影响，这是一个具体的治国办法。

　　以上孟子所讲的看上去很理想，实际上他在讲如何治国、如何平衡政治关系的时候，还是比较实际的。在《离娄上》第六章，孟子讲了这样一段话，值得深思。

　　孟子曰："为政不难，不得罪于巨室。巨室之所慕，一国慕之；一国之所慕，天下慕之。故沛然德教溢乎四海。"

　　孟子说，治国并不困难，关键是不得罪于"巨室"。什么叫"巨室"？"室"是世袭的家族。"巨"字有两层含义，一层是地位高，另一层是影响大。所谓"巨室"就是地位很高的贤卿大夫。孟子看到了功高德厚的大臣，特别是世袭为官的重臣，在一个国家中有很大的影响和号召力。

　　他是怎么看到的呢？"巨室之所慕，一国慕之，一国之所慕，天下慕之。"巨室所欣赏、提倡的东西，整个国家都欣赏、提倡，天下也就会欣赏和提倡。因此，通过巨室的影响，道德教化就会充满天下。"沛然"，就像水很充沛地流淌一样。"溢乎四海"就是充满天下。用我们今天的话来说，治理国家、管理政务不困难，关键是不要把有影响、有权势的人得罪了。当然这个"巨室"指的是贤卿大夫。这些贤卿大夫掌握着一定的权力，影响和地位都非同一般。对于这样的人，我们一定要尊重，不能得罪。不能得罪也包含着一些灵活的处理的方法，我想孟子应该是有这个意思的。

　　通过以上材料我们可以看出，孟子在阐述治国方法的时候，他的思想似乎有一些不一致的地方，那么这些不一致表现在哪里呢？一方面，孟子确实很理想化，希望君主是圣人，大臣们都是君子，都能坚持道义，坚持原则，毫不动摇；另一方面，他又务实，说不要得罪巨室。从这里我们可以理解孟子的苦衷：一方面他要提倡更高的目标，另一方面他又强调自己理想的实践的一面。不管怎么说，孟子的这些主张都是可贵的。

第十六章　君主之德

乐善守道的士人在辅佐君主去平定天下、治理国家的时候,要讲究具体的策略,要把高尚的仁德与具体的措施结合起来。同时,也不能忽视君主的个人素质,只有仁德的人才适合做君主。君主的操守和德行是一个很重要的问题。孟子提出了这个问题,并且非常具体地做了讲述。

　　孟子曰:"人有恒言,皆曰'天下国家'。天下之本在国,国之本在家,家之本在身。"

　　孟子说,人们经常说这样一句话,"天下国家"。"天下"就是普天之下,当时指的是以中原地区为中心、旁及四野的广阔无边的地方。"国"是指诸侯国;"家"则指的是卿大夫的家。"家"现在指的是家庭,最早的时候不是指家庭。为什么要讲天下国家这样的格局呢?

　　天下国家的格局始于西周时期,当时实行分封制,"普天之下,莫非王土,率土之滨,莫非王臣。"周天子是天下的共主,他将天下分为大小不同的诸侯国,并册封自己的亲戚、手足为诸侯。诸侯又将自己的国土分封为采邑,也称作家,交给手下的卿大夫进行管理。因此,有了天下国家的说法。而周天子、诸侯、卿大夫以及士和庶人,就形成了西周时期五个尊卑森严的社会等级。

　　孟子说:"天下之本在国,国之本在家,家之本在身。"天下治理得好坏,根本在于每一个国家治理得好坏;每一个国家治理得好坏,根本在于这个国家内部各个采邑治理得好与坏;而每个采邑、每个家族管理得好坏,根本在于"身",即是各个层级中的当权者自身。

　　《大学》里所讲的修身、齐家、治国、平天下,跟孟子在这里讲的道理是一样的。家有负责人,国有负责人,天下也有负责人,最后的责任就集中在了国君身上。归根到底,君主的素质最为重要。在这里,孟子通过对人们常说的一句话的解释，很明确地讲到了修身为本的思想，不是老百姓修身为本，而是诸侯、君主修身为本。

孟子认为要治理好国家，君主要从最基本的修身做起，而后才能齐家、治国、平天下。针对那些在治国方面好高骛远的人，孟子也进行了批判。

孟子曰："道在迩而求诸远，事在易而求诸难——人人亲其亲，长其长，而天下平。"

"道"是治国之道，"迩"是近，"在迩"则是就在眼前。孟子说，治国之道就在眼前，你却到远处去求；事情本来很容易，你却想得很难。这都是不对的，那么应该怎样做呢？从现在做起，从小事做起，从身边做起。作为君主，你要孝敬父母，尊敬兄长，如果人人都这样做的话，天下就安定了。所以不用从远处着眼，从艰深处着眼，只需从当下着眼。这是对上面"天下之本在国，国之本在家，家之本在身"的引申。

孟子曰："人不足与適也，政不足与间也。唯大人为能格君心之非。君仁，莫不仁；君义，莫不义；君正，莫不正。一正君而国定矣。"

孟子说，那些在位的小人，不值得我们去指责、非议。"唯大人为能格君心之非"，"大人"就是君子，只有君子才能去批评、改正君主不正确的想法。这是治国的关键。之所以强调格君心之非，就是因为君主的所为太关键了。

"君仁，莫不仁"就是我们前面讲的"人人亲其亲，长其长，而天下平"。君主遵守仁德了，天下就没有人不遵守仁德的；君主遵守道义了，天下就没有人不遵守道义的；君主身正了，天下就没有人不正的。所以，"一正君而国定矣"。也就是说，君主的率先垂范非常重要。

为了进一步说明在治国问题上君主言行的重要性，孟子还引述了孔子的话进行论述。

孔子曰："……上有好者，下必有甚焉者矣。君子之德，风也；小人之德，草也。草尚之风，必偃。"

"上"是指君主。孔子说，君主有什么喜好，那么下面的人一定会充分地满足他，而且要满足到极点。上级的所恶所好对下级有很重要的示范和影响作用。因此，孔子说："君子之德，风也；小人之德，草也。草尚之风，必偃。"君子的道德水准就像风一样，普通老百姓的道德水准就像草一样，风掠过草，草就顺着风点头。也就是说，老百姓的道德水准是跟随君子的道德水准变化的。君子的道德水准有多高，老百姓的道德水准就有多高，这也是讲君子的影响、引导和示范作用。

实际上，孟子通过这句话从反面进一步明确了他的观点：君主并不是从来就是正确的，而且君主也不可能始终是正确的。那么，君主不正确怎么办呢？

孟子曰："爱人不亲，反其仁；治人不治，反其智；礼人不答，反其敬。行有不得者皆反求诸己，其身正而天下归之。"

这句话是针对君主所说的。孟子说，对人有爱，而别人却不亲近你，你就要反省自己的仁德是否做到位了；去治理民众、整顿秩序，但是老百姓的秩序却没有治理好，你就要反省自己的能力和智慧；对人很有礼貌，但是别人却不搭理你，你就要反省自己是不是对人还不够尊敬。

无论是仁、义，还是礼，在坚持道德原则去对待他人，却得不到相应的反馈的时候，不要责怪别人，而要反省自己。

孟子讲过，追求道德的人就好像射箭的人，没有射中，不能赖射中的人，要找自己的原因。君主亦如此。君主要遵守仁、义、礼、智、道德，但是在按照仁、义、礼、智、道德的要求去做，却得不到相应的反馈的时候，就要想想自己是不是真正做到了。只有从自身找原因，不断地调整、改进，才能达到好的效果。也就是说，"其身正而天下归之"。只有做到位了，才是身正；身正了以后，天下的老百姓就归顺于你了。这是从过程性来讲的。"君仁，莫不仁；君义，莫不义；君正，莫不正。一正君而国定矣"，是从基本原则来讲的。君子并不总是正，不正的时候要反省自身而归于正。如果君主能这样做，老百姓就更信服他，就会归顺他。由此看来，君主自身的道德情操是治国的关键。

在前面的讲述中，孟子提出了修身为本、君主德行至关重要的观点。其理论基础是家国天下，那么孟子这一观点包含着什么思想呢？

中国的古代社会是家国同构，天下、国和家的结构是一样的，只不过层次不一样。因此，我们就可以从低层次的道德修养做起，然后不断地去影响高层次的管理者。从系统学上说，当各个子系统之间达到和谐以后，就会达到系统整体的和谐。这是儒家很重要的思想，也是儒家对中国古代社会的一种精确的认识。

儒家也是特别讲教化的，既讲说教，又讲身教，特别是君主的身教。无论是身教还是说教，都要由近及远，由小及大，像春风化雨一样达到潜移默化的效果。这也是儒家的特色。

孟子还突出地强调了君主个人的关键性作用。这也是他在对中国社会结构的一定认识基础上形成的一种结论。所以，君主要严于律己，恪守道义，这些可以归结为儒家的德治和人治。现在我们都讲法治，但在历史上相当长的一段时间里，人治都是有其合理性和历史价值的。

在君主专制的国家里，政治清明、百姓命运和国家安危都维系在了君主身上，这是专制制度的特点，也是专制制度的弱点。然而，孟子关于君主品德修养的论述依然给我们以深刻的启发；决定历史走向的只能是人民群众，而民众修养的提高才是国家进步、民族繁荣的基础。

第十七章 以仁得民心

孟子反复强调,一个想有所作为的君主,不但要做好自身的修养,反省自己的行为,还要善于总结历史的教训,善于总结政治兴亡的经验。只有这样,他才能够更有效地去管理国家、治理民众,立于不败之地。

那么,在历史和现实的政治成败的经验中,有哪些规律需要遵循呢?孟子在《离娄上》第三章讲道:"三代之得天下也以仁,其失天下也以不仁。"夏朝由大禹之子启建立,最后由于夏桀的残暴无度,被商汤夺得了天下;商朝末年,商纣荒淫暴力,又被周文王和周武王赶下了王位。以孔子和孟子为代表的儒家思想家对夏、商、周三代的历史进行了总结和反省,这是他们考虑现实政治的重要出发点。

孟子曰:"三代之得天下也以仁,其失天下也以不仁。国之所以废兴存亡者亦然。"

"三代"即夏商周三代。孟子认为,三代之所以有兴替,商汤王、周武王之所以得到了天下,是因为他们以仁德行了仁政;而夏桀和商纣王之所以失去了天下,是因为他们不以仁心行仁政。在历史的传说中,夏桀和商纣王是暴君,尤其是商纣王。他陷害忠良,残害百姓,滥施刑罚,荒淫无度。正因为他不仁,使得天下百姓陷于水火之中,正是在这样的情况下,周武王率兵而起,一举推翻了商朝。周武王得到天下以后实行仁政,安定天下的秩序,给民众以物质生产资料,然后减轻民众的负担,建立起来了一个秩序良好而强大的国家。这就是孟子所说的,"三代之得天下也以仁,其失天下也以不仁"。《诗经》里面周文王、周武王以及他们的祖先公刘、太王的事迹都证明了这一点。

天子不仁,不保四海;诸侯不仁,不保社稷;卿大夫不仁,不保宗庙;士庶人不仁,不保四体。

孟子把"仁"提到了一个关键的位置上。周天子如果不行仁政，就不能安定天下；一个诸侯如果不行仁政，就不能安定国家；一个士人要是不行仁政，自己的身家性命都保全不了。孟子由天下、国家讲到个人，都在强调要行仁政。

为什么行仁政才能够得天下呢？这就要看行仁政会带来什么样的结果，它的出发点在什么地方。

孟子曰："桀纣之失天下也，失其民也，失其民者，失其心也"。

孟子说，桀和纣丧失天下是由于失去了百姓的拥戴，失去百姓的拥戴是由于失去了民心。也就是说，他们失掉天下的关键在于失去了民心，在于失去了民众的拥护。这与"天时不如地利，地利不如人和""得道者多助，失道者寡助"是一个道理。

孟子通过对历史经验的总结，得出了得民心者得天下的论断，那么究竟如何才能得到民心、得到天下呢？

得天下有道：得其民，斯得天下矣。得其民有道：得其心，撕得民矣。得其心有道：所欲与之聚之，所恶勿施尔也。

得天下有它的方法和规律。战国时期，秦、齐、楚、燕、韩、赵、魏都想得天下，再加上其他的小诸侯国，各国纷纷征战。

"得天下有道"中的"道"是对历史经验的总结、对现实政治和政治基本

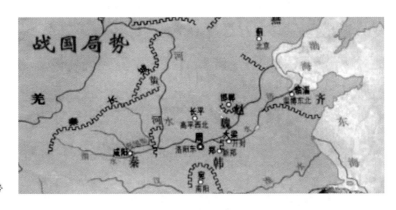

战国局势

规律的分析。"道"在什么地方呢？"得其民，斯得天下矣"，得到民众就得到天下了。如果自己国家的老百姓全跑到邻国去了，那么邻国就战胜了。

在当时的形势下，民众是国家富强的根本保证。因为有众多的人口，就有强大的军队，就有充足的粮食。也正因为如此，梁惠王才抱怨说自己做了那么多工作，但是自己国家的老百姓并没有增加，而别国的老百姓也没有减少。

得到老百姓的拥戴，也有它的方法和规律。"得其心，斯得民矣"，你要得到民众的心，就是让老百姓心悦诚服。要像孔子的学生佩服孔子那样心悦诚服地接受你的领导，乐意在你的国家里当普通的百姓。

得到民心的拥护，也有它的道理和规律。"所欲与之聚之，所恶勿施尔也"，老百姓喜欢的，你要给他，老百姓不想要的，就不给他。老百姓喜欢的是富裕和安定的生活，能够生儿育女、丰衣足食，那就要给他们这些。老百姓希望获得休息，就不要让老百姓太劳累，不要从老百姓那里搜刮太多。

怎么样才能做到"所欲与之聚之，所恶勿施尔也"呢？实行仁政。孟子讲这些问题，就在于声明"得民心则得天下，失民心则失天下"。

我们将孟子前面的论述结合起来看，仁和不仁归结到最后，实际上是一个得民心还是失民心的问题，仁政只是得到民心的手段。孟子认为，在当时的政治形势下，各个诸侯国都在激烈的政治和军事竞争中生存，而政治和军事竞争的背后，起到决定作用的却是民心的竞争。紧接着，孟子又举了很多直观的例子进行说明。

民之归仁也，犹水之就下、兽之走圹也。故为渊驱鱼者，獭也；为丛驱爵者，鹯也；为汤武驱民者，桀与纣也。今天下之君有好仁者，则诸侯皆为之驱矣。虽欲无王，不可得已。

孟子说，老百姓向往仁政，就像水从高处流下，就像野兽从深山走向空旷的草原，这是一个自然的过程。把池塘里的鱼给赶走的是水獭，因为水獭是吃鱼的，它一来，鱼就跑了；把树林里的鸟给赶走的是吃鸟的猛禽，像鹯、鹞、鹰，它们一来，鸟都飞了。而帮商汤王、周武王把老百姓赶到他们那边的，是夏桀和商纣。

这些例子说明，政治的竞争、军事的竞争归根结底是民心的争取。夏桀和商纣行暴政，老百姓就跑到商汤王、周武王那里去了。夏桀和商纣就像水獭、猛禽一样，把老百姓都赶走了。大多数君主都不行仁政，一旦有君主行仁政，那其他国家的君主就会像水獭、猛禽驱赶鱼和鸟一样，把自己的老百姓驱赶到行仁政的君主那里了。归结到一点，民心的争取关键是行仁政。

针对孟子这几段文字，我们会得出两点结论。首先，得民心则得天下。这是历史经验的总结，也是政治活动的规律。凡是得不到民众拥护的，政治上是成功不了的，即使成功，也只是一时的。其次，要得民心就要有实际的行动。用后来许多政治思想家说的，要"顺民之性"，从物质生产入手，给民众产业，安排给他们安定的生活，这就是仁政。

由以上两点可以发现，儒家将仁爱和重民思想紧密结合了起来，得民心者得天下，这是看重民众在历史发展和政治成败中的作用。将重民和仁政结合起来，重民思想才有了落脚点，不至于成为空中楼阁。

我们也可以更清楚地看到孟子的政治思想既高远又很实际的特点。他总是让我们站在更高、更远的角度去想问题，同时又让我们从非常实际的方面入手去考虑问题，比如老百姓的衣食住行。这就是他对历史经验的总结和对政治规律的概括。

第十八章　道德经权观

和普通人一样,治国者在治国的过程中,不仅要注意个人的修养,遵守历史的规律,同时还面临着许多选择。选择是多方面的,我们这里讲的主要是道德规范方面的选择。

　　人的社会生活是复杂的,道德生活是多变的,环境也是多样的。在这样的情况下, 我们不能简单地用僵硬的教条来约束或评价每个人的生活。以相对稳定、贫乏的理论规范来面对丰富多变的现实生活的时候,我们就要不断地调整、选择,不断地权衡。这就显示出一个人智慧的多寡和境界的高低。

　　人的行为是多维度的,衣食住行、生育繁衍是由人的自然属性决定的行为。而作为社会生活的主体,人又必须遵守一定的社会道德规范。那么在道德规范和标准之间,如果出现冲突时,该如何正确权衡和选择呢?孟子在跟他的学生屋庐子的对话中提到了这个问题。

　　任人有问屋庐子曰:“礼与食孰重?”曰:“礼重。”“色与礼孰重?”曰:“礼重”。

　　“任”是一个地方。任这个地方有一个人,来问孟子的学生屋庐子这样一个问题,礼和人的饮食相比,哪个更重要呢?“礼”,仁义礼智的礼,礼义规范的礼;“食”就是吃饭。

　　屋庐子想都不想,就说礼重要。这个人又问他,生殖繁衍的功能和礼哪个重要呢?“色”不能简单理解为女色,它实际上就是人自身繁衍的功能。屋庐子又不假思索地说,当然是礼重啊。屋庐子不知不觉地陷入了这个人给他设的圈套。

　　实际上,这个任人是要来挑战孟子的理论。因为按照孟子的理论,礼是一种直观的规范体系,它规定了人们的行为模式,并通过一系列的礼仪制度、规范典章表现出来，而且要求人们必须遵守。食和色是人类的两大本能活动。如果按照礼的规定，人们吃饭要有吃饭的规矩，生殖繁衍要有繁殖生殖的规矩。

曰："以礼食，则饥而死；不以礼食，则得食，必以礼乎？亲迎，则不得妻；不亲迎，则得妻，必亲迎乎？"屋庐子不能对，明日之邹，以告孟子。

任人接着说，如果按照礼去吃饭，你就吃不着，会饿死，不按照礼去吃饭，你就可以吃得着，这个时候还守不守礼呢？他又问"亲迎"。"亲迎"是一种礼，男人娶妻的时候，按照媒妁之言、父母之命，会有一系列的规范礼仪。如果按照亲迎之礼去娶妻，就娶不到，如果不按照亲迎之礼去娶，就娶得到，这个时候还一定要按照礼去娶吗？屋庐子一听，回答不上来了。第二天，他就回到邹国，告诉了孟子。

孟子曰："於！答是也，何有？不揣其本，而齐其末，方寸之木可使高于岑楼……取食之重者与礼之轻者而比之，奚翅食重？取色之重者与礼之轻者而比之，奚翅色重？"

孟子说，回答这个问题有什么难的，你首先要弄清楚，这个问题是不是合理的。不同的规范、不同的活动之间的比较有一个可比性的问题。比如，拿一个小木块和一座高而尖的小楼比较高低，如果不考虑它们的基点，而把木块放在小楼的顶上，我一定会说木块比小楼还要高，但显然这是不合理的。

拿吃饭的重要方面，和礼仪的次要方面对比，何止是吃饭重要？拿婚姻的重要方面，和礼的次要方面对比，何止是婚姻重要？

吃饭之于生存，这是重要的方面，但是怎么吃，比如碗筷怎么摆、吃饭的手势怎么样等，则是食之轻者。如果你拿饮食的重要方面，和礼的次要方面比，那就不具有可比性。娶妻也是这样。在中国古代，娶妻是为了繁衍后代，繁衍后代是为了孝。"不孝有三，无后为大"，娶不了妻，生不了子，就不符合孝道。但是怎样去娶妻，无论是亲迎之礼还是其他的礼节，它们的规定都是轻的。于是,孟子就让屋庐子去找那个任人,按照他说的去说。

往应之曰:"紾兄之臂而夺之食,则得食;不紾,则不得食,则将紾之乎?逾东家墙而搂其处子,则得妻;不搂,则不得妻,则将搂之乎?"

屋庐子前来对这个任人说,有这么一碗饭,但是兄弟俩争着要吃。弟弟要扭住哥哥的胳膊,才能吃这碗饭;如果不这样,他就吃不着这碗饭,你说他应该去扭吗?邻居家有一位很漂亮的姑娘,要娶这位姑娘,就要问父母、通过媒人,按照一定的程序去做。如果不这样做,就翻过墙头到她家中,把姑娘占为己有,这样才能娶她,你说这样还应该娶这位姑娘吗?这当然是不能娶、不能吃的。扭哥哥的胳膊违反了孝悌之道,越墙钻穴去占有邻居家的姑娘则是严重违反了道德礼制。

在谈到道德的比较和选择的问题时,孟子认为道德规范的对比是建立在有可比性的基础上的。在按照礼法规范和约束我们的行为的时候,虽然可以讲究一定的灵活性,但一定要掌握一个原则,那就是最根本的礼法制度是不能违反的。而当时齐国的稷下先生淳于髡却认为,孟子的主张过于理想主义。在随后的《离娄上》第十七章,孟子便和淳于髡进行了一场对话。

淳于髡曰:"男女授受不亲,礼与?"孟子曰:"礼也。"曰:"嫂溺,则援之以手乎?"曰:"嫂溺不援,是豺狼也。男女授受不亲,礼也;嫂溺,援之以手者,权也。"

淳于髡问孟子,男女授受不亲,这是礼吗?孟子说,是礼。"男女授受不亲"是指古代一种礼节,夫妻之外的男女不能有身体的直接接触。"授"是给予,"受"是接受。比如递送东西的时候,一定要通过某种媒介,两人在肉体上不能有任何接触,这是礼的规定。

淳于髡接着问,嫂子掉到水里了,伸手去救她吗?孟子回答得很巧妙,而且很到位。他说,嫂子掉到水里头了,不伸手去救她,这是豺狼,太残忍了。男女授受不亲是礼制;嫂子掉到水里,用手拉她,是变通的方法。这里提出了权的问题,特别是礼和权的关系问题。

为了称量东西,秤砣要移动,这就是"权"和"衡"。"衡"就是秤杆,"权"就是秤砣,秤杆和秤砣相互配合,就会称量出各种不同的分量,这就是权衡。换句话来说,这就是一个"经"和"权"的问题。礼的规定是"经",就是原则、规范,而"权"就是遵守规范、原则的过程中的灵活性。只有适当地变通,才能更好地遵守礼的规定。如果拘泥于礼的规定,我们就会破除、损害礼的其他方面的规定。礼的不同规定之间、道德的不同规定之间是有些冲突的,这就需要权衡和适当的变通。在这里,孟子讲得很透彻,我们把这个问题概括为道德领域的经权观或者经权论。

孟子在处理复杂的道德行为和事件的过程中,始终坚持原则,并且适当灵活。当然,怎样灵活处理则全靠个人的道德修养和智慧了。这是孟子在提出道德选择、道德判断时,所显露出的一种道德智慧。

通过上面的几则材料,我们就了解了孟子以及儒家在道德选择中的精彩思想。经过总结这些思想,我们可能会得到一些启示。

首先,道德活动是复杂的,道德规范也是多元的,运用多元的道德规范处理复杂的道德现象,一定要要坚持原则,适当灵活,不拘泥于小礼而追求大德。

其次,在道德选择中,要遵循这样的原则:诸善中要择其大善,诸恶中要择其小恶。比如,男女授受不亲是礼,符合这个礼就是善,违反这个礼是恶,但违反了这个礼的恶和见死不救的恶相比,它则是小恶。

有人说,诸害中择其小害,实为大利。因为善恶和利害在很多情况下是相对的,所以我们要有一个明智的选择。这个时候可能会损害或者会违背一些礼或者一些道德的规定,但是我们追求更大的利益,追求更大的善,这才是明智的。这就是个人在道德选择的过程中,所应该坚持的选择和正确、理智的方法。

第十九章　修身须务实

在政治治理、人际协调和个人道德修养方面,我们也面临着很多道德问题,孟子在这些方面也提出了一些很有意思的观点。

首先,人要知错就改,不要拖延。在当时,宋国国君好大喜功,不断用兵,而且在生活上挥霍无度,巨额的花费都要由百姓来负担,结果弄得民怨沸腾。《滕文公下》第八章记载了孟子跟宋国大夫戴盈之的一次讨论。孟子在表达对宋王减轻赋税的看法时,提出了知错就改的观点。

戴盈之曰:"什一,去关市之征,今兹未能,请轻之,以待来年,然后已,何如?"

戴盈之对孟子说的这句话的背景,我们不得而知,但是可以猜想一下。孟子讲了很多政治措施,其中之一就是要制民恒产、取民有制,从老百姓那里获取东西要有节制,不要随意加重民众的负担。在农业税方面,孟子提倡什一而税,即征收十分之一的税率。同时,为了鼓励民众生产,特别是为了吸引他国老百姓,在工商和旅游方面,要实行非常宽松的政策,"去关市之征"。所谓"去关市之征",就是过关口的时候不征税,而且在这个国家的市场上经商也免税,这是非常惠民的政策。但是很多国家并没有这样做,他们实行很重的农业税,而且对人员的往来用税收加以限制,对商人也征以重税,所以很多百姓就跑到税收较轻的国家去了。

孟子在宋国时也宣传了这些主张。宋国的大夫听了以后,也觉得很好,但是宋国并没有马上实行的意思。所以,宋国的大夫戴盈之说,我们也要实行什一税,免除关卡和集市的赋税,今年还办不到,请让我们先减少一些,等到明年最后停止征税,这样可以吗?孟子当然认为这是不行的,但是他没有直接回答,而是又举了个例子。

孟子曰:"今有人日攘其邻之鸡者,或告之曰:'是非君子之道。'曰:

'请损之，月攘一鸡，以待来年，然后已。'如知其非义，斯速已矣，何待来年！"

孟子说，有个人有偷鸡的习惯，每天都要去邻居家的鸡窝里头偷一只鸡，有人就告诉他这样做是不正确的，不是君子之道。这个人听了以后就说，既然每天偷一只鸡不对，那我就减少一些，从今天开始，每个月只偷一只鸡，等到明年我最后就不偷了，行吗？孟子没有明确地说戴盈之就是这个例子，但意思已经包含其中了。

孟子接着说，如果你知道这不符合道义，那么就赶快停止，何必要等到明年呢？你对老百姓征税，即使减少了还是在征税，为什么不马上停止呢？这就是我们所总结的，知错就改，不要为之找托词。

孟子不仅对这种为自己的行为寻找托词、知错不改的人感到不满，而且对在道德修养中沽名钓誉、弄虚作假的人同样进行了批判。在《滕文公下》第十章里，有一场他同弟子匡章的对话，对话的核心就是修身要求真务实。

匡章曰："陈仲子岂不诚廉士哉？居於陵，三日不食，耳无闻，目无见也。井上有李，螬食实者过半矣，匍匐往，将食之，三咽，然后耳有闻，目有见。"

匡章说，陈仲子难道不是真的廉士吗？陈仲子是一个齐国人。"廉"，清廉。他清廉到什么程度呢？只要是陈仲子认为不干净的东西，他都不吃。他住在一个叫於陵的地方，三天不吃东西，最后饿得耳朵听不见了，眼睛也看不见了。他恍恍惚惚地看见井台上有一个李子，已经被小虫子吃得只剩一半了。他爬到井台上，把剩下一半的李子放到嘴里嚼食，咽了三次才咽下去，这下肚里有了点东西，眼睛才看得见了，耳朵也听得见了。

他饿成这样，也不去吃很多人给他送的东西，他认为这些东西不干净，难道说他不是一个清廉的人吗？当然，陈仲子到底是个什么样的人，我们也不得而知了，只能通过这一则对话了解他。从这里可以看到，陈仲子在当时确实很有声望,很多人都认为他是洁身自好的人。但是孟子却不这么看。

孟子曰:"于齐国之士,吾必以仲子为巨擘焉。虽然,仲子恶能廉?充仲子之操,则蚓而后可者也。夫蚓,上食槁壤,下饮黄泉。"

孟子说,在齐国的士人中,我很佩服陈仲子,一定把他比作大拇指。尽管这样,他怎么能算作廉洁呢?要扩充仲子的操守,一定得做蚯蚓才行。蚯蚓所做的事情就是"上食槁壤,下饮黄泉",在地上吃干土,在地下就饮黄泉,同时也给土壤增加了很多有机成分,改善了土壤的结构。它不求别人,又有益于人。孟子说,陈仲子总想标新立异,标榜自己是廉士,但实际上有很多地方他做不到,却硬要做。

仲子所居之室,伯夷之所筑与?抑亦盗跖之所筑与?所食之粟,伯夷之所树与?抑亦盗跖之所树与?是未可知也。曰:"是何伤哉?彼身织屦,妻辟纑,以易之也。"

孟子接着说,陈仲子住的房子是谁给盖的,伯夷还是盗跖?陈仲子吃的粮食是谁给种的,伯夷还是盗跖?这些都不知道。

伯夷在孟子看来是个有名的圣人,非常清廉。在周武王伐纣的时候,伯夷和叔齐这两个小国的王子反对战争,就拉着周武王战马的缰绳,不让他去打仗。但是,周武王没有听他们的话,还是去打仗了,推翻了商朝。因为这一点,伯夷、叔齐就认为周武王打下的天下是不干净的,所以周朝的粮食是不干净的。他们两人就逃到首阳山,不吃周朝的粮食,最后饿死了。而盗跖是当时历史传说中有名的强盗。

匡章就说,这有什么妨碍呢?他自己编草鞋,他的妻子绩

伯夷和叔齐

麻练麻,可以拿麻和草鞋去跟人家换。

曰:"仲子,齐之世家也,兄戴,盖禄万钟。以兄之禄为不义之禄而不食也,以兄之室为不义之室而不居也,辟兄离母,处于於陵。"

孟子说,陈仲子出自齐国的世家,他的哥哥是一个大官,有着万钟的俸禄。但是陈仲子认为他哥哥的俸禄是不义之财,不吃他哥哥给他提供的粮食,认为他哥哥住的房子也是不义之财,所以他不去住。他就离开他的哥哥和母亲,和妻子住在一个叫於陵的地方。

他日归,则有馈其兄生鹅者。己频顣曰:"恶用是鶂鶂者为哉?"他日,其母杀是鹅也,与之食之,其兄自外至,曰:"是鶂鶂之肉也。"出而哇之。以母则不食,以妻则食之,以兄之室则弗居,以於陵则居之,是尚为能充其类也乎?若仲子者,蚓而后充其操者也。

有一天他回来看望他的母亲,看见哥哥家的院子里有一只鹅,这是别人送给他哥哥的,他就很生气,问他哥哥,你养这么一只呱呱叫的家禽干什么啊?过了几天,他又去看望母亲,他母亲就把鹅给杀了,煮熟了跟他一块儿吃。他正吃着,哥哥回来了,一看他在这儿吃鹅肉,哥哥就说,这就是那天你说的呱呱叫的家禽的肉。陈仲子一听,马上跑出去把吃的肉全吐出来了。

陈仲子就是这样一个人,母亲给他做的饭他不吃,妻子给他做的饭他就吃,哥哥的房子他不住,於陵那个偏僻地方的小破房子他就住。他认为这样做就做到了清廉,但是孟子说他不可能做到清廉。因为他不可能像蚯蚓那样"上食槁壤,下饮黄泉",不求任何人,不跟任何人沾边,如果他硬要这样做,那就很勉强。所以孟子认为,他不能称作清廉。

通过孟子对陈仲子的评价,我们可以看到:在道德的修养过程中,有很多人喜欢标榜自己,刻意地去做些什么,但是孟子对此是不太赞成的,认为他们不从实际出发,不从根本出发,而仅仅拘泥于细枝末节。在孟子看来,在道德修养中,我们确实要追求清廉,追求洁身自好,追求仁义道德,但是要做得恰当,要把握根本,不拘小节、务实求真,不能故弄玄虚。

　　孟子如此坚守士人的道义,在生活上也躬身践行,所以才给后人一个坚持原则又不拘小节的大丈夫形象。

第二十章　重民爱民

作为一个政治家,孟子对当时的社会形势有自己的判断。在他看来,天下大乱,烽火连天,各国的诸侯穷兵黩武,把老百姓推进了水深火热之中。因此,他强烈地呼吁停止战争,实行王道,推行仁政,使民众过上温饱的生活。在孟子的身上,我们可以看到一个思想家、政治家的强烈的社会责任感。

孟子刚到魏国的时候,反复向梁惠王宣讲仁政。魏国人口之所以不见增多,原因是国君不能发政施仁,从根本上改善百姓的生活。梁惠王感到孟子说得有理,于是进一步向孟子讨教。

孟子对曰:"杀人以梃与刃,有以异乎?"曰:"无以异也。""以刃与政,有以异乎?"曰:"无以异也。"

孟子说,如果杀人的话,拿棍子杀人和拿刀杀人有什么不同呢?梁惠王就说没有什么不同。孟子接着问,拿刀子杀人和采用行政措施杀人有什么不同呢?梁惠王还不知道孟子的意思,还说没什么不同,都是杀人。然后,孟子话锋一转,直接指向了梁惠王。

曰:"庖有肥肉,厩有肥马,民有饥色,野有饿莩,此率兽而食人也。"

孟子虽然没有直接点名梁惠王,但这句话却批评得非常严厉。孟子说,既然没有什么不同,大王您的厨房里有大块儿的肥肉,马厩里有膘肥体壮的骏马,但是您的老百姓却是面有饥色,吃不饱饭,田野里到处是饿死的老百姓,您怎么解释呢?这是率领着野兽吃人啊。

兽相食,且人恶之;为民父母,行政,不免于率兽而食人,恶在其为民父母也?

孟子说,野兽之间相互残杀,人看了都觉得讨厌。但是,您作为民众的父母,行使行政的权力,却避免不了率领着野兽去吃人的情况,您怎么能够称得上是民众的父母呢？这种批评更为严厉。

这里提到了为民父母的理念。因为古代讲等级制，君主要关心百姓，安排百姓的生活和发展，所以人们把君主叫作民的父母。既然为民的父母，那么就有两种职责：一是对民众进行教化，要教育培养他们；二是抚养的义务，要让百姓吃饱、穿暖。在今天看来，这样的比喻很别扭，但是在过去，人们就是这么认为的，也是合理的。因此，作为民的父母，你不应该让百姓饿死，不应该率领着野兽去吃人，否则你就不能为民父母，也就是不配当国君。

孟子连用比喻对梁惠王这类不顾民众死活的君主进行了批判，接下来他将如何继续他与梁惠王的这场对话呢？

"仲尼曰：'始作俑者，其无后乎！'为其象人而用之也。如之何其使斯民饥而死也？"

孟子接着说，孔子曾说过这样一句话，最开始做俑的人，大概是无后吧。在中国传统文化中，这是对人最严厉的咒骂。孔子之所以用了最严厉的咒骂，是因为他十分痛恨做俑的人。最早贵族或国王去世了，要用活人陪葬。后来随着社会的进步，不用活人陪葬了，但是要按照活人的样子用泥做成陶俑，然后用陶俑跟死去的贵族或国君一块儿埋葬。孔子当然是反对人殉的，后来用陶俑殉葬来代替人殉，孔子也是反对的，"为其象人而用之也"，因为它像人。

孟子举孔子的例子是说，孔子对用像人的陶俑殉葬尚且不能接受，那么作为老百姓的父母，你看着老百姓饥饿而死，当然更是不能容忍的。孟子对梁惠王这一类君主的批评达到了一个很高的高度。这里渗透着他的愤怒、谴责，因为在他的心中，国君应该去爱民，而不是把老百姓置于水深火热之中。

在《离娄上》第十四章里，孟子还有一段论述，对君主置民众死活于不顾的行为，进行了猛烈的抨击。

孟子曰:"求也为季氏宰,无能改于其德,而赋粟倍他日。孔子曰:'求非我徒也,小子鸣鼓而攻之可也。'由此观之,君不行仁政而富之,皆弃于孔子者也。况于为之强战!"

孟子说,孔子有一个学生叫冉求,后来做了鲁国大夫季氏的管家,但他做了管家之后,不但没有劝说季氏减轻民众的负担,反而使民众的负担加重了。孔子就很不高兴,对其他的学生说,冉求不再是我的学生了,你们敲着鼓去攻击他都可以了。敲着鼓攻击是一种形式,以此来公开声明孔子与冉求断绝了师生关系,冉求已经被逐出了师门,这是一种很严厉的处罚。这就是因为冉求在得到了管家的位置之后,没有贯彻孔子的思想,而且帮着季氏继续搜刮民众,为虎作伥。

冉求

孟子接着说,由此观之,凡是君主不行仁政,而用其他的方法来求富,这都是孔子所不屑的。更何况兴兵打仗,强迫百姓去为你打仗,替你送死呢?

争地以战,杀人盈野;争城以战,杀人盈城。此所谓率土地而食人肉,罪不容于死。故善战者服上刑,连诸侯者次之,辟草莱、任土地者次之。

所以孟子说,你为了争一块土地,强迫百姓去打仗,最后死人遍野;为了争一座城池,驱逐着百姓去打仗,最后死的百姓填满了这个城。战争剥夺了民众生存的权利,造成了大量无辜民众的死亡,这是不应该的。孟子对战争的看法跟别人不一样,孟子看到的是死亡,无论敌我,而且死的都是无辜的百姓。

因此,孟子对这种战争简直是不可容忍的。你争地以战,争城以战,死了这么多人,这就是拿着土地去吃人,这是连死罪都不能宽恕的。他最后的结论就是"故善战者服上刑,连诸侯者次之,辟草莱、任土地者次之"。"善战者服上刑",对善于打仗的人,要用最严厉的刑罚去处罚他;"连诸侯者次之",像公孙衍、张仪、苏秦这样纵横捭阖、挑动诸侯之间打仗的人,就要服次一等的刑罚;"辟草莱、任土地者次之",只想着开疆拓土、扩展自己的地盘的人,也要服次一等的刑罚。

那么,孟子的慷慨陈词建立在什么基础上?表现了他的什么思想呢?

孟子的慷慨陈词带有一种义愤,贯穿其中的是他对生命的珍重、对民生的忧虑。我们从这里可以看到孟子作为一个思想家、一个政治家的情怀和眼光。他重民,重视民众的价值;他养民,关心民众疾苦;他教民,想着教化民众,提高民众的道德。他坚决反对滥杀无辜、开疆拓土。他的这些思想,在烽火连天、诸侯争霸的年代,是那样微弱,又是那样顽强,是那样孤独,又是那样执着。在当时,孟子的思想带有一种悲剧的色彩,带给人一种悲壮的感觉。他的思想在当时被人轻视,但时过境迁,当天下从战争中走出来,重新走向统一和平的时候,人们就认识到了儒家思想的价值所在。所以,历史选择儒家的思想不是一种偶然。

孟子深切的忧国意识和爱民情怀对今天的启发在于,每一个有社会良知的人,每一个握有权力的人,都应该时刻以民众的疾苦和需求为出发点。

第二十一章　诚心向善

在了解孟子关于修身养性的观点之前,我们先来看一下《孟子》一书是怎样告诉人们去了解一个人、观察一个人的。

要修身养性,首先要反身自诚。孔子说,判断一个人诚与不诚,要听其言、观其行,看其是否言行一致,而孟子认为,人与外界接触时,善恶正邪都会真实地表现在人的眼睛里。在《离娄上》第十五章中,孟子就谈到了这个观点。

孟子曰:"存乎人者,莫良于眸子。眸子不能掩其恶。胸中正,则眸子瞭焉;胸中不正,则眸子眊焉。听其言也,观其眸子,人焉廋哉!"

孟子说,观察一个人的最好方法,就是去观察他的眼睛。"存"是说观察一个人。眼睛不能够掩盖你心中的善和恶,你心中坦荡、光明磊落,眼睛就明亮、清澈。"胸中正",没有非分之想,也没有做见不得人的事情。"眸子瞭焉","瞭",明亮。相反,心中有不符合道德的事情,有许多非分之想,那么你的眼睛就混沌,不光明磊落。

"听其言也,观其眸子,人焉廋哉!"我听一个人说的话,又观察他的眼睛,他还能够有什么藏得住的呢?"廋"就是藏的意思。这与孔子所说的听其言、观其行是一致的。不仅要听其言,还要看他的眼睛。眼睛是心灵的窗口,人的眼神往往能够表现出心中的所思所想。这是孟子通过对人的观察告诉我们的一个道理。

孟子提倡个人积极努力修养道德,并在讲述道德主动性的时候,将自暴自弃这个词作为对立面提了出来,孟子是如何论述自暴自弃的呢?

孟子曰:"自暴者,不可与有言也;自弃者,不可与有为也。"

"自暴"中的"暴"就是残害的意思。"自暴",自我残害。"弃",抛弃。孟子说,自我残害的人,不值得跟他说话;自我贬低抛弃的人,是不可以跟他一块儿有所作为的。这是他提出的对自暴自弃的人的态度。

那么什么叫自暴自弃呢？

"言非礼义,谓之自暴也。吾身不能居仁由义,谓之自弃也。"

"言非礼义,谓之自暴也",一说话就不符合礼义规范,这样的人就属于自暴的人。"居仁"是说以仁德为我的立身之本；"由义"是说以义作为我的行为准则,沿着义的道路去走。"吾身不能居仁由义,谓之自弃也",别人都没有这样认为,而我自己就认为我不能以仁为立身之本,不能以义为行为准则,这样的人就是自我抛弃。

为什么"言非礼义""吾身不能居仁由义"是自暴自弃呢？他下面更进一步地讲了一个道理。

"仁,人之安宅也；义,人之正路也。旷安宅而弗居,舍正路而不由,哀哉！"

仁德是每个人内心最安适、最应该居住的地方。仁德就像一套很安适的房子,没有它我们无法生活、无法发展,甚至无法生存。义是人唯一正确的道路。人可以有很多条道路,但是只要是人,就应该按照义去选择。仁和义是人的本质的选择,如果不这样去做,你就是自暴自弃的。因此,孟子对自暴自弃者极其鄙视。他说,现在有很多人让这个安宅空着不住,舍掉正确的道路不走,这是很悲哀的。也就是说,只要是人,就应该"居仁由义"。

在修身养性方面,除了反对自暴自弃以外,孟子还提出了一个很重要的思想"诚"。孟子说："诚者,天之道也,思诚者,人之道也。"而在《中庸》里也有类似的论述："诚者,天下道也,诚之者,人之道也。"早期儒家思想家都特别重视"诚"这一思想,那么,孟子是如何来论述的呢？

孟子曰："居下位而不获于上,民不可得而治也。"

孟子说,下级得不到上司的信任和器重,就不可能获得一定的官职去治理国家、管理民众。"获"就是得的意思。这里的"上"应该是指君主,孟子是针对各位大臣来说的。那么，如何才能获得上级的信任呢？

获于上有道，不信于友，弗获于上矣。信于友有道，事亲弗悦，弗信于友矣。

得到上级的信任和器重是有方法的，首先要得到朋友的信任。每个人的行为是连贯的、一致的，人格不是分裂的，要得到君主的信任，你首先要得到朋友的信任，要得到朋友的信任，就得侍奉自己的父母，使自己的父母高兴。不能让自己的父母高兴，你是不会得到朋友的信任的。这个道理非常明确：想得到别人的信任，你一定要得到自己亲人的信任，如果你对自己的亲人都不好，不能尽忠尽孝，你是不会对朋友好的。所以说，"信于友有道"，要侍奉父母，让他们高兴，只有做到这一点，才能取信于朋友。

悦亲有道，反身不诚，不悦于亲矣。诚身有道，不明乎善，不诚其身矣。

要让自己的父母高兴，也有方法："反身不诚，不悦于亲矣。"我们扪心自问、反省自身，如果没有达到诚的境界和程度，是不会让父母高兴的。那么怎么样诚身呢？"不明乎善，不诚其身矣。""明善"是说通过反省自身，认识到自己内心中的善，认识到每个人都应该遵循仁义道德，这是人的本质自觉到了这一点，我们的心就是诚的。

孟子从怎么样取信于君主这样具体的话题，一步步引着我们深入，认识到内心中的善，认识到仁义礼智。认识到了这些，我们就能够诚心诚意地去对待父母，让父母高兴。

是故诚者，天之道也。思诚者，人之道也。至诚而不动者，未之有也。不诚，未有能动者也。

所以，诚是天的道，思诚者是人的道。"天"是指自然，即是人的自然，只要是人，就都必须是这样的，这是自然而然的。只要成为一个人，他就必须遵循道德，必须遵循仁义礼智，这就是人的天。"诚者，天之道也"，人本然地具备仁义道德，人必然要遵循仁义道德，这就是天，这就是诚。"思诚者,人之道也",人要去思考它,自觉出来,这就是人所要做的事情。孟子把仁义道德看作人的本质,他认为无论怎样待人接物都要做到诚。达到了诚,就没有不被感动的;如果没有达到诚,就不可能去感动他人。

孟子在这里告诉了我们一个道理,做人要诚。值得注意的是,这个"诚"跟我们今天理解的"诚"还不太一样,孟子说的"诚"是要真实无妄地把我们的本质认识和发掘出来,这就是天之道。

通过前面的几则材料,我们了解了孟子在道德修养方面的几个重要观点。那么,这些重要观点体现了孟子什么思想呢? 又给了我们哪些启发呢?

首先,我们要善于去了解一个人,不仅听他说,还要观察他的眼睛,观察他的行为,这给了我们很好的启发。

其次,在道德领域,我们不能自暴自弃,要自强、自信、自立。因为仁义道德是人的本质,我们应该居仁由义。孟子在这里提出"诚者,天之道也,思诚者,人之道也",明确地把仁义道德作为人的自然,作为人的天。无论是待人还是接物,我们都要有"诚"。用今天的话来说,就是诚信为本,以诚相待。要得到别人的信任,无论是父母,还是朋友,一定要以诚为立身之本。

第二十二章　君子自得之

在道德修养的领域，孟子认为，一个人无论在什么位置上做事、做人，都应该自强、自立、自信。同时，人要努力达到一种"自得"的境界，用他的话来说，就是"君子欲自得之"。

我们首先看一下，孟子如何谈父亲教育儿子。"易子而教"是自古有之的教育传统，越是品端学高的君子，越应该"易子而教"，孟子也是这一观点的支持者。在《离娄上》第十八章中，孟子的学生公孙丑就这一问题，向孟子进行了讨教。

公孙丑曰："君子之不教子，何也？"

公孙丑问孟子，我听说君子是不教育自己的孩子的，是这样的吗？从公孙丑这句话我们了解到，在当时可能真是这样。"君子"在这里应理解为有学问的人。

春秋战国时期，有学问的人纷纷办学，招收学生，但是这些人从不把自己的孩子作为学生来教育。当然不能完全排除有学问的人与自己的孩子也会有些交流，孔子就曾问自己的孩子：你学"礼"了没有？你学"仁"了没有？但这与作为一个学生来教育是不同的。

孔子

孔子的儿子孔鲤

孟子曰："势不行也。教者必以正。以正不行，继之以怒。继之以怒，则反夷矣。'夫子教我以正，夫子未出于正也。'则是父子相夷也。父子相夷，则恶矣。"

孟子说，是这个事情本身所造成的，其情势所为。也就是说，父亲教自己的孩子教不成，所以大家都不教自己的孩子了。为什么说"势不行"呢？"教者必以正"，教育一定要讲正确的知识、正确的道理，而且要运用正确的方法，父亲教育孩子只用正面教育可能不行，孩子可能不听你的或者一时不明白，可能就会引发一些非理性的行为。这时候的父亲可能会很着急，接着就要发火了。"继之以怒，则反夷矣"，"夷"是伤害的意思。本来是要教育孩子向好的方面发展，但是遇到困难，父亲就生气，甚至责骂和体罚，反而伤害了孩子。"夫子教我以正，夫子未出于正也"，孩子就会想或者会说，父亲教我要走正道，但是父亲自己都做得不正确，他怎么能引导我走向正确呢？孩子会产生一种逆反的心理，如果到了这一步，父子就相互伤害了，因为父子之间是一种特殊的感情，这样相互伤害是很不好的事情。

"古者易子而教之，父子之间不责善。责善则离，离则不祥莫大焉。"

古代人就是"易子而教"，交换孩子来教育，我教你的儿子，你教我的儿子。这样就避免了"父子相夷"的尴尬发生，因为不是父子关系，考虑问题可能会更理性一些，即使有一些过激的言或行，也不会造成亲情的伤害，不会伤害到父子之间的情感以及父道尊严的观念。"父子之间不责善"，父子之间是不能求全责备的，不提倡追求一种完美而相互责备。"责善则离，离则不祥莫大焉"，如果提倡这个的话，父子之间的情感关系就会疏远，这是一件非常不好的事情。

孟子认为，君子要不断提高自己的道德境界，提升自己的人格层次，最高的道德境界就是"自得"。什么叫"自得"？在《离娄下》第十四章，孟子讲到了这个问题。

孟子曰："君子深造之以道,欲其自得之也。"

孟子说："君子深造之以道。"君子要用正确的方法不断地提升道德境界,加深道德悟性,提高道德的造诣。"深造"我们今天也讲,但是意思已经跟孟子的意思有所不同了。孟子在这里讲的"深造",实际上是道德上的深造,"造"就是造诣,是对道德的一种体悟、认同,以及在实践过程中精神境界的不断提升。"道"是正确的方法。

朱熹

孟子说,提高道德造诣的目的是自得。宋代的大哲学家朱熹说:"以俟夫默知心通,自然而得之于己也。"君子按照正确的方法去深造,通过一个比较长的道德修养、道德认知的过程,达到"默知心通",这种境界就是自得的境界。也就是说,达到一种对道德的深度认识,并且转化为我们的一种理念和行为方式,不仅理解了,而且做到了,甚至成为我们自然而然的行为习惯,成为一种自觉的选择,这就是自得。

自得的状态是很难实现的,一旦实现,将会达到一种什么境界呢?

"自得之,则居之安;居之安,则资之深;资之深,则取之左右逢其原,故君子欲其自得之也。"

"自得之,则居之安","居"就是处的意思。达到了自得的境界之后,无论处在什么位置上,无论身处何种境地,我都能安于善。就像孟子说的:"富贵不能淫,贫贱不能移,威武不能屈。"无论在什么样的境地下,我都能够坚持善,坚持道德。

"居之安,则资之深","资"就是凭借,"资之深"就是说你的凭借就很深远。"居之安"和"资之深"有相似的地方,有时候是你"居之安"了以后,你就"资之深"了,你的凭借就很深远。你站的高度就会很高,看得就很远。因为"居之安",你的立场就会很稳固。

"则取之左右逢其原",这句话说得最妙,在处理身边的形形色色的事情时,我都会逢其原。"左右"就是我们身边或近或远、或前或后的种种事情。"逢"我们理解为符合,"原"就是本,"逢其原"就是都离不开那个本,"本"就是"善"。也就是说,我们达到了"自得"的境界之后,就会在处理复杂的事情时,很自如地去处理,还都会符合我们的本,这就是达到一种自由的境界。孟子是非常欣赏这种境界的,所以最后又补了一句:"故君子欲其自得之也。"达到"自得"的境界很难,但是能达到这种境界是很妙的,尧、舜、禹和孔子应该是达到了这种境界。

孟子提出了这种境界,但是没有具体讲达到这种境界的方法,他只是描述它的高妙之处。这种高妙令人心驰神往,但是它需要长期艰苦的磨炼,这是人的道德造诣和道德境界提升的规律。

前面我们讲了孟子提出的许多道德修养的方法,那么在学习的方法上,孟子又提出了哪些真知灼见呢?

孟子曰:"博学而详说之,将以反说约也。"

孟子说,人不但要博学,而且要非常详尽地把道理给人讲清楚,还要能反过来将这些道理融会贯通和归纳出来。学习一定要处理好"博"和"约"的关系,"学"要广泛地"学",但是一定要融会贯通、提纲挈领,读书要把书读薄了。

孟子主张,在道德修养上,君子要存高远之志,但又不能好高骛远,只有脚踏实地地在日常生活中接受磨炼,才能使自己日趋完美,臻于至善。

第二十三章　警句格言

作为一个大思想家、大教育家，孟子既讲了很多高深的道理，也讲了很多切近的小道理，它们同样很有启发性。

孟子曰："有不虞之誉，有求全之毁。"

孟子说，生活在人世间，人有很多事情是无法预知的，想不到的荣誉可能突然就降临到你身上了。"虞"是预料，"誉"是荣誉。另一方面，由于追求完美，特别是对别人求全责备，有时候就会招致很多诋毁。

这个道理是说，在人的一生中，有很多东西是想不到的，我们要坦然地面对。有时候我们去追求，可能追求不到，但是如果它来的话就来吧，要淡然处之。另一方面，我们又是可以有所作为的，"有求全之毁"。"毁"是我们自己招来的，因为"求全"。也许你的出发点是好的，但对别人的求全责备会造成对别人的伤害，别人就会来诋毁你、攻击你，反过来也会造成对你的伤害。所以，我们不要对人过于苛刻，求全责备。

儒家有一个很重要的思想：对己要严，待人要宽。我们要求别人做到的事情，首先自己要做到。如果自己都没做到，就对别人这么苛刻，别人是肯定不答应的。孟子的这句话大概就是这个道理。

孟子曰："人之易其言也，无责耳矣。"

这句话也有一定的道理。什么叫"人之易其言也"？"易"可以有两种解释，一个是轻易，一个是变易。由于"易"的两种不同的理解，这句话就有两种不同的意思。如果我们把"易"理解为轻易，那么孟子的话这样理解：如果一个人说话很轻率，不负责任，对于这样的人，就不要责备他。"责"，责备。为什么不责备他呢？因为不值得责备。如果我们把"易"理解为变易，那么孟子的话这样理解：如果一个人说话经常变来变去，没有稳定的观点，对于这样的人，不要责备他。为什么不责备他呢？因为不足以责备。

这两种解释都可以,孟子给我们讲了一个小道理:对不同的人,我们要有不同的对待,对待说话不负责的人,我们要了解他,而不是去责备,否则我们就是不负责任的人。我们注意防备他,有不同的对待就可以了。

孟子曰:"人之患在好为人师。"

"患"是毛病。人的毛病,就在于喜欢做人师。"好为人师"并不是一定要做老师,它更多的是说总喜欢对别人指手画脚,让别人服从自己,这是"好为人师"的意思。

之所以"好为人师",是因为对自己的定位有误,对别人的认识有误。如果认为自己事事高明,处处明白,高人一等,这是一种错误的定位。我们要有一个虚心的态度,像孔子那样"三人行,必有我师焉",这样才能不断地进步。

对别人的认识有误,是因为自己"好为人师",基本认识是别人不如自己。任何人都有长有短,要善于认识到别人的长处。虽然人们在知识、学历和能力方面有差异,但是在人格上是平等的,每个人都应该受到尊重。

孟子认为"好为人师"是人的缺点,那么这一缺点的具体表现在什么地方呢?

首先,它妨碍了我们的进步。自以为高明,就会故步自封、刚愎自用,这将阻碍我们的发展。其次,在处理跟他人的关系上,它会导致很多麻烦,造成人际关系的紧张,产生负面的影响。

既然是"人之患",我们就要避免好为人师。我们要既做老师,又当学生,要认识到每个人的长短,扬其长,避其短。要像孔子那样,善于学习,平易近人,较好地处理和他人、和群体的关系。因为只有在一种组织中、在一个群体中,个人才能发展。

孟子曰:"人有不为也,而后可以有为。"

这句话讲了"有为"和"无为"的关系问题。"有为"是说人都要有所作为,要发展自己,要实现自己的价值。但是一个人的精力有限,不可能把所有的事情都做到、做好,所以就要处理好"为"和"不为"的关系。

"人有不为也,而后可以有为",只有"不为",才可以"有为"。这其中蕴含着智慧,这就是不在于你做什么,而在于你不做什么。这一观点对现实生活也有着实际的指导意义。我们都知道想做什么,该做什么,做的东西也很多,但实际上最难做的是不做什么。通俗地说,就是主动放弃,而放弃是为了得到。

这在我们的日常生活中,处处可见,处处可用。比如在军事上,只有暂时放弃一些地方,并集中优势兵力、重新谋划,你才能得到一些地方,才能取得胜利;在经济上,一个地区不能什么都发展,只有突出自己的特色,才能有所发展;在学习上,现在是知识爆炸的时代,如果所有的知识都去学,那将会是一无所成。个人的发展也是这样,学会放弃就是一种智慧。要分析如何主动地不作为,找出适合自己的发展道路,主动放弃不太适合的。

孟子曰:"可以取,可以无取,取伤廉;可以与,可以无与,与伤惠;可以死,可以无死,死伤勇。"

这句话讲的是道德行为选择的尺度问题,孟子在这里讲了"廉""惠""勇"三种美德。"廉",清廉;"惠",恩惠,宽惠;"勇",勇敢。这是人的三种美德。在追求这三种美德的时候,有许多问题需要具体地处理。

有一个东西,可以拿也可以不拿,拿了就会损害"廉"的原则。可以给他,也可以不给他,给他的话就会损害"惠"的原则。"廉"很好理解,但是"惠"不太好理解。"惠"我们一般理解为恩惠,给予别人,但是给予是有尺度的,可以给,也可以不给的时候,你给他这不叫"惠",所以帮助别人时,要让人舒服,不要让人感觉这是施舍。

可以死,也可以不死的时候,死的话就是损害"勇"的原则。并非视死如归就是勇敢,儒家所讲的"勇"是一种理智的"勇"。因为儒家讲究"智"

"仁""勇"三达德,"勇"一定要跟"仁"和"智"结合起来。"勇"不是匹夫之勇,匹夫之勇是儒家所不提倡的。可以死,也可以不死的时候,就不应该去死,死的话反而不是勇敢。

通过论述"廉""惠""勇"三种美德,孟子告诉我们,追求道德和善是一个长期的过程。在这个过程中,我们会面临许多选择,而选择实际上是一种善的实践的必然途径。道德的追求、人格的提炼、行为的养成不是空洞的,而是实实在在的,要落实在每一个具体的行为上,进而落实到每一个具体的选择上。这就需要我们对道德理念、道德思想的理解要到位,如果理解不到位,很可能最终就背离了道德精神。勇敢是一种美德,但是如果把勇敢仅仅理解为不怕死,勇敢就不是一种美德,而是不珍惜生命,就不符合"仁"这种美德。怎么把握好度就见出修养的功力了。每个人都需要认真地学习、深刻地反思、艰苦地磨炼,然后才能逐渐地达到较高的境界。把理论和个人体验、个人生活结合起来,正是孟子思想的可贵之处。

第二十四章　借水咏志

孟子的思想既有很高深的理论,又有很切近的道理,他能够把他的思想和个人生活结合起来。这拉近了他跟平常人的距离,也使得人们容易接受,给人们以启发。作为一个大思想家,孟子还常常向自然学习,借物咏志,寄物抒怀。

　　在这一点上,他与孔子等人有共同之处。在《论语·雍也》中,孔子说:"知者乐水,仁者乐山。"有仁德的人如山一般,雄浑沉静;有智慧的人如水一般,畅快活泼。水流看似柔弱,跳动不居,却亦如流动的思绪,而水滴石穿的典故又给人智慧的启迪。孟子跟孔子一样,也特别喜欢水,他在《孟子》这本书里面多次讲到水,也多次从水讲到很多道理。

　　孟子曰:"孔子登东山而小鲁,登泰山而小天下。"

　　这一段话虽然没有直接讲到水,但是也很妙。"东山",山东的一座山,有人说其实就是蒙阴县南边的蒙山。孔子登上东山,整个鲁国就能尽收眼底;站到泰山之巅,则能够看到整个天下。"天下"是一个比喻,指的主要是整个中原地区。

泰山

　　孟子的意思是说,站在不同的角度,境界就不同。或者说,孟子认为孔子的境界有从东山到泰山的提升,境界不同,眼界不同,看问题的角度就不同。后来的人们常常拿这两句话来形容境界的不同或境界的提升。

　　故观于海者难为水,游于

圣人之门者难为言。

所以，看了海以后，再看到小的河沟湖泊，就不觉得是一回事了；到圣人之门去游学请教，听到了高深的道理以后，我就不敢说话了。"难为言"意思是说话怕说不到点子上。这就跟做学问一样，学问做得越高，说话就越谨慎，而无知者无畏，那种夸夸其谈的人，虽然有些学问，但往往学问不高。所以，人们也常常引用孟子的这两句话，以此提升学习和道德修养的境界。

观水有术，必观其澜。日月有明，容光必照焉。流水之为物也，不盈科不行。

孟子接着说，看水是有方法的，我看水一定看那种奔腾不息、波澜起伏的水，这就好比我们看日月一样。"日月有明，容光必照焉"，日月会发出光亮，只要能钻过去的小缝隙，光一定会照到它。水在流动的时候，如果遇到洼地，一定先把洼地注满再往前走。"盈科"就是把洼地注满水。

孟子对水潜心观察，那么孟子从盈科而行的水那里得到了什么启发呢？

君子之志于道也，不成章不达。

水是往低处流的，都要奔向大海，这是它的方向。但是，在流动的时候，它要积累，每遇见洼地，它都会注满，然后再往前走。可见，流水既有一种奔腾不息、顽强向前的精神，还表现出一种积累的阶段性特点。

君子受到启发，"不成章不达"。"章"，是乐曲演奏完一个段落的意思。君子有志于道，如果追求的过程没有阶段性，他也不会实现自己的目标。君子追求道，既是连续不断的，也有阶段性，就像水会在流动的过程中形成一系列的湖泊，他们也表现出连续性和阶段性的特点。对于这一点，孟子深有体会。

徐子曰："仲尼亟称于水，曰：'水哉，水哉！'何取于水也？"

孟子对水的体会不仅如此，他在另外一个地方也讲到了水。当时的一个人徐子问孟子,孔子多次谈到水,赞叹说水呀水呀,那么孔子从水那里得到了什么,受到什么启示了吗?

孟子曰:"原泉混混,不舍昼夜,盈科而后进,放乎四海。有本者如是,是之取尔。"

孟子给他做了解释。水从源头滚滚向前,奔向大海。"原泉混混"在这里应该称作"源泉滚滚"。它昼夜不停地走,遇到低处,注满后继续向前。有源之水就是这样,孔子从有源之水得到了这样的启发。也就是说,流水不舍昼夜,滚滚向前,盈科而进,放乎四海。

苟为无本,七八月之间雨集,沟浍皆盈,其涸也,可立而待也。故声闻过情,君子耻之。

"苟为无本","本"原意是树根,在此是源的意思。他说,如果水是没有源头的,就像七八月间不断倾注的大雨,虽然瓢泼如注,低洼的地方很快就都注满了,但是它很快也就会干了。对于这样的水,孔子并不称赞,孔子所称赞的水是有本之水,而不是无本之水。

孟子说:"故声闻过情,君子耻之。"你的名声不符合你的真实情况,君子以此为耻。"声闻"是名声的意思,"过情"中的"情"是真实情况的意思。无本之水虽然一时间就能满地汪洋,但很快也就干了。君子所称赞的是有本之水,源源不断,奔腾不息,盈科而进,放乎四海。可见,孟子对孔子的寄物抒怀是有自己的理解的。

孟子之所以对水情有独钟,是因为源源不断地流动着的水代表着奔腾向前、顽强不屈。人的发展其实也是这样的过程,道德修养尤其如此。我们要有自己的根本,要有自己的源泉,就是"居仁由义"。待我们认准了一条道路,就像水一样,一定要奔向大海,这是道路的选择。人要志于道,这也是目标。有了目标以后,就要不停地奋斗,就像水一样不舍昼夜地向前奔腾。同时,水在流动的时候,遇到低洼之处,就必须把它注满,这就是积累。注满是为了继续往前走。人的道德修养也要有积累,有一定的阶段性,也要像一条大河穿起无数的湖泊一样。这大概就是孟子对水的一种理解和体悟,对今天的我们仍然是有价值的。

　　《论语·子罕》中,孔子登高临远,面对滔滔不息的流水,不禁感慨道,"逝者如斯夫,不舍昼夜"。古代圣贤屡屡赞美水,从水那里得到了很多启发,这也说明了师法自然、借物咏志的道理,只要潜心修身,一草一木皆可为师。而古代圣贤寄物抒怀的话语,也成了非常宝贵的精神财富。

第二十五章　民贵君轻

在中国的古代社会,君臣关系是一种根本的社会政治关系。这里我们着重介绍一下孟子对于君臣关系的认识和思考。作为一个执政者,应该如何从大局出发管理民众,如何处理好君臣关系呢?

子产听郑国之政,以其乘舆济人于溱、洧。孟子曰:"惠而不知为政。岁十一月,徒杠成;十二月,舆梁成,民未病涉也。"

子产

郑国是春秋时期的一个小国,子产在郑国做知政很多年,成绩很好,很有名气。郑国有两条河,一条叫洧河,一条叫溱河,这两条河上都没有桥,老百姓每天都要蹚水过河,子产看到后很怜惜百姓,于是就用车子载着大家过河,而且是每天不辞劳苦地这样做。有很多人就认为,子产心眼很好,关心民众的困苦。但是孟子却不以为然,说子产是"惠而不知为政"。

孟子认为,子产只知道对老百姓施行小恩小惠,而不知道从全局去治理国家。如果想从根本上解决过河的问题,花十二个月的时间就可以建成一座小桥让行人行走,也可以建成一座大桥让车子行走。如果建成了桥,老百姓就会从桥上过,不会为蹚水过河而发愁了。

君子平其政,行辟人可也,焉得人人而济之?故为政者,每人而悦之,日亦不足矣。

因此孟子说,君子如果把国家治理得很好,即使他摆点阔气,出行的时候让众人回避一下都是可以的。而作为一个执政者,想让每个人都高兴,采用这样的方式帮助每个人渡过冰冷的河水,你的时间都是不够的。

孟子告诉我们这样一个道理,执政者要考虑的应该是全局、宏观,要从根本上考虑问题,不能仅仅以小恩小惠去迎合百姓,也不可能使每一个人都高兴。只要能让大多数人高兴,所作所为符合大多数人的利益、国家的长远利益,那么即使有一些做不到、会让人家提出意见的地方,也是可以原谅的。从这里我们可以看到,孟子确实是一个比较成熟、老练的政治家。

　　孟子不仅讨论了执政者应该如何执政,更重要的是他讨论了君臣关系的问题。那么,君臣关系在中国古代社会关系中居于什么样的地位呢?

　　在中国的古代社会,有两种社会关系是最重要的:君臣关系和父子关系。因为基本政治制度是君主专制制度,无论是臣还是民,都是君主的手下,都要无条件地符合君主的意志。中国古代社会实行的是宗法制,所以父子关系这种血缘关系就和政治上的君臣关系扭结在一起,互为加强,这就是我们经常说的家国同构。所以说,君臣关系和父子关系是最重要的两个关系。

　　君臣之间的基本原则是忠,就是臣对君要忠。但实际上,君和臣之间的关系,不仅仅表现在臣对君要忠,还表现在君要对臣尊敬。最早的时候,这一点是被强调的,但是随着君主专制制度的不断完善、君权的加强,君对臣的敬就被慢慢淡化了,而臣对君的忠则被强化了,甚至强化成为愚忠,正所谓君叫臣死,臣不得不死。因此,我们现在来看,孟子和孔子的很多思想,与中国封建社会后期的思想是有区别的。

　　孟子曰:"民为贵,社稷次之,君为轻。是故得乎丘民而为天子,得乎天子为诸侯,得乎诸侯为大夫。诸侯危社稷,则变置。"

　　孟子说,对于一个国家的安定来说,民是最重要的,社稷是次一等的,相比而言,君主是更次一等的。当然这个"君"并不一定是抽象的君主,而是具体的君主。

　　为什么"民为贵,社稷次之,君为轻"呢?因为"得乎丘民而为天子,得乎天子为诸侯,得乎诸侯为大夫"。"得乎"中"得"的意思就是得到拥护、得到支持。"丘民"就是广大的人民。得到最广大人民的支持,才能成为天子;得到天子的支持,才能做诸侯;得到诸侯的支持,才能做大夫。因为诸侯的土地是天子封的,大夫的土地是诸侯封的。归根结底老百姓是最重要的,没有天子和老百姓的支持,就没有诸侯,也就没有大夫。

牺牲既成,粢盛既絜,祭祀以时,然而旱干水溢,则变置社稷。

什么叫"社稷次之"呢?社稷就是土神和谷神。古人祭祀土神和谷神,土地有土神,五谷有谷神。祭祀在庙里进行,一般是将土神谷神用木头做成牌位,放在固定的地方定时祭祀。现在的北京劳动人民文化宫原来祭祀的是谷神,中山公园原来祭祀的是土神,土谷之神是当时国家最重要的两个神,所以放在皇宫的左右两边。

社稷坛

土谷之神是要祭祀的,而且祭祀的时候要很虔诚,所以他说:"粢盛既絜,祭祀以时。"祭祀时所献的祭品要非常干净,而且要按时去祭祀。祭祀是为了求得它的保佑,以使五谷丰登,风调雨顺。如果按时祭祀了,祭品也很干净,然而仍然发大水或天旱无雨,那就要把土神和谷神换一下,换一种木头来做。也就是说,土神和谷神是可以变置的。所以孟子说:"然而旱干水溢,则变置社稷。"

君主也是可以变的。孟子曾说,如果君主不听建议、一意孤行,他是可以被同姓的臣换下来的。君主在一定的情况下是可以变的,唯一不能变的是百姓。所以说,对于国家的安危和治理来说,民最重要,社稷次之,而具体的某位君主再次一等。

孟子对君臣关系的论述是很客观的,在《离娄下》第三章中,孟子运用了一组排比,更为详细地论述了君臣之间的关系。孟子认为,君主和臣之间的关系,应该是一个相互的关系。

　　孟子告齐宣王曰:"君之视臣如手足,则臣视君如腹心;君之视臣如犬马,则臣视君如国人;君之视臣如土芥,则臣视君如寇雠。"

　　孟子有一次跟齐宣王对话,他说了一句很著名的话:君主如果把臣当作手足一样信任、依赖,臣就应该把君当作知心朋友,当作可依赖的人。君臣之间相互信任、相互依赖的前提是君一定要尊重臣、相信臣、依赖臣。如果君仅仅把臣看成是一条狗或一匹马,看成是可以使用的工具,那么臣就视君如国人一样,公事公办,君臣就只是行政上的关系,而没有其他的关系了。如果君把臣看作土块或者小草棍一样,不尊重、不信任甚至侮辱、羞辱他们,那么臣就可以把君看成仇人。"土"是土块,"芥"是小草棍。这句话使后来的许多君主听了非常不高兴。

　　君和臣之间的关系是相互的,不是片面的。如果君不把臣当一回事,那臣也可以不把君当一回事,可以不跟君合作。为了进一步阐明这个观点,孟子和齐宣王又谈了一个具体的问题。

　　王曰:"礼,为旧君有服,何如斯可为服矣?"曰:"谏行言听,膏泽下于民。有故而去,则君使人导之出疆,又先于其所往;去三年不反,然后收其田里。此之谓三有礼焉。如此,则为之服矣。"

　　齐宣王问,按照礼的规定,如果你以前侍奉过的君主死了,你要为他服丧三年,怎么样才能够为他服丧三年呢?孟子说,这是有条件的,不能一概而论。条件就是君主要对臣非常尊敬、信任和照顾。首先是"谏行言听,膏泽下于民",臣提的意见君主都要听,采纳臣的正确意见和建议,使老百姓得到福利。第二点,如果臣有原因要离开,那就要照顾好他,派人引导他离开自己的国家,而且在臣要去的地方安排好住处和生活,等他走了三年、真的不回来的时候,再把赐给他的土地收回去,对臣也就做到仁至义尽了。这样，臣才能为这个前君服三年之丧。

"今也为臣，谏则不行，言则不听，膏泽不下于民；有故而去，则君搏执之，又极之于其所往；去之日，遂收其田里。此之谓寇雠。寇雠，何服之有！"

如果做臣下的劝谏，君主不照着办，所说的话君主不听从，恩惠不能普及于百姓；臣下有事离开，君主就把他捆绑起来，又设法让他在所去的地方走投无路；他刚离开，就收回他的田地房产。这就成了仇敌。那么寇仇之间，还有什么三年之丧可服呢？

历史地去看，孟子的思想是很可贵的，在当时君主专制制度正在慢慢地形成，君主享有至高无上的权威的情况下，孟子能够直截了当地讲出这样的观点，是需要勇气、胆识和眼光的。

第二十六章　君子人格

孟子对君臣关系的观点是很独到的,在当时也是很有争议的,直到后来这些观点依然很有争议。正因为有了争议,才说明孟子是一个伟大的思想家。孟子在讨论君臣关系的时候,他的思想中还渗透着这样的理念:一个人无论处于什么位置、具有什么属性,都要保持自己的人格。无论是政治人格还是社会人格,每个人都要有基本人格。这种基本人格就是人和动物的区别,用古人的话来说,就是人之所以为人之处。

孟子曰:"人之所以异于禽兽者几希,庶民去之,君子存之。舜明于庶物,察于人伦,由仁义行,非行仁义也。"

这句话孟子讲了三层意思。第一层,人和禽兽的区别很少,这也是主要的意思。"几希"就是很少。"人之所以异于禽兽者几希"包含着两个意思:一是人不同于禽兽;二是人不同于禽兽的地方很少。那这一点是什么呢?孟子在这里没有讲,但是结合孟子以前的话,我们知道人和禽兽不同的是,人具有道德理性,人有仁义道德。人和动物不同的东西很少,但是很本质。

对于这个本质的区别,"庶民去之,君子存之"。从字面上来说,是庶民丢掉了,君子保存了。实际上,"去之"和"存之"是从思想的角度来讲的,这句话的意思应该这样理解:最广大的老百姓没有认识到这一点,而君子认识到这一点,能够自觉。这是第二层意思。

第三层意思,他结合这一点讲到了舜,舜明白万物的规律,了解人事的道理,自然遵循仁义的道路行走,而不是勉强地推行仁义。舜是圣人,道德修养达到了出神入化的地步,达到了人格的最高层位。也就是说,仁义之道成为舜的一种习惯和自然,就是通过"明于庶物,察于人伦",最后达到"由仁义行",这就是圣人君子和庶民的明显区别。

孟子认为，人与禽兽的区别在于人具有仁义之德，能行仁义之道，而人与人之间也有差异。根据品德修养的高下，可以分为圣人、君子和小人。关于君子和常人之间的差异，孟子也进行过详细的论述。

孟子曰："君子所以异于人者，以其存心也。君子以仁存心，以礼存心。仁者爱人，有礼者敬人。爱人者，人恒爱之；敬人者，人恒敬之。"

孟子说，君子和一般人不同的地方在于他的存心。"存心"就是居心，居心就是立志，也就是说要立一个仁义的志向，一切的行为都按照仁义的规则去做。所以说，君子的存心和一般人的存心不同，一般人的存心可能是以欲望存心，而君子是以仁义存心。

孟子接着说，君子的一切行为都是从仁出发，从礼出发，以仁待人，以礼约束自己的行为。仁人爱别人，有礼的人尊敬别人。以仁存心，你就会爱别人，作为一个执政者，你就可以以仁政去关心民众。以礼存心，你就会尊敬人、信任人。

反过来，爱别人的人，别人常爱他；尊敬别人的人，别人常尊敬他。这就是一种反馈的关系。因此，孟子认为这样人和人之间就会处在良好的关系之中，社会就具有很强的凝聚力。这是从理想的层面来讲的。

君子不仅要这样理想地看待社会，而且还要生活在现实社会中。现实中遇到的事情可能不像设想的那样：你爱别人，别人可能不爱你，你敬别人，别人可能对你很不敬。那这个时候怎么办？

有人于此，其待我以横逆，则君子必自反也：我必不仁也，必无礼也，此物奚宜至哉？其自反而仁矣，自反而有礼矣，其横逆由是也，君子必自反也，我必不忠。自反而忠矣，其横逆由是也。君子曰："此亦妄人也已矣。如此，则与禽兽奚择哉？于禽兽又何难焉？"

一般的人如果遇到不爱自己、不敬自己的情况，可能就会不爱别人、不敬别人，这也就把自己的"居心"丢掉了，他的志向就是不稳固的。孟子说，君子在这个时候就应该反省自己，对他是不是不敬，对他是不是不爱,是不是没有做到呢?自我反省之后,如果认为自己是仁的,自己是有礼的,而这个人还是对我粗暴无礼,君子一定要再反省自己,是不是不忠呢?这个"忠"不是我们一般理解的忠,而是诚的意思。我是不是真心的,是不是把真诚的东西表达出来了呢?自省之后认为自己是真诚的,这个人还是这样,那就可以得出这样的结论了:这是个妄人罢了。既然是这样,那么他和禽兽有什么区别呢?对于禽兽还有什么可以责备的呢?这样你的内心就会很坦然。只有通过这样的"存心",你才能成一个君子,而很多人没有认识到这一点,就把与禽兽的这点区别丢掉了,成了衣冠禽兽。

是故君子有终身之忧,无一朝之患也。乃若所忧则有之:舜,人也;我,亦人也。舜为法于天下,可传于后世,我由未免为乡人也,是则可忧也。忧之如何?如舜而已矣。若夫君子所患则亡矣。非仁无为也,非礼无行也。如有一朝之患,则君子不患矣。

要想成为君子,就要以仁义居心,以仁义立志。因此,君子有终身之忧,而没有意外的痛苦。尧、舜是人,我也是人,但是尧、舜能够成为天下的榜样,传名后世,但是我却还是普通人,为什么不能成为尧、舜呢?是可以忧愁的。忧愁了以后怎么办呢?像尧、舜那样去做。按照仁和礼去做,坚持仁礼之德,你就会慢慢地成为君子,成为尧、舜,把人和禽兽的区别保持下来、发扬光大,成为一个完善的人。因此,人不仅要考虑到和禽兽的区别,还要有更高的追求,要看到一般的人和道德高尚的人的区别。那么怎么样去追求呢?就是要修身养性,反省自身,就像孟子在前头讲的"仁者如射"。

同时,孟子也认为,只要坚持求善,常人也可以成为君子。以下孟子就对这一观点进行了论述。

孟子曰:"西子蒙不洁,则人皆掩鼻而过之。虽有恶人,斋戒沐浴,则可以祀上帝。"

孟子说,像西施这样的美女,即使很漂亮,如果很邋遢、醒龊,那么别人也不会认为她美，也会捂着鼻子躲过去。也就是说，美的人可以变成不美。一个不讲道的人，如果他斋戒沐浴，也可以祀上帝。修养自身使自己皈依道德，上帝也可以接受他的祭祀。这句话是说，只要求善，再恶的人都是可以变好的。

西施

人是可以变化的，善人可以变成恶人，恶人也可以变成善人，一切都在自己。因此，人虽然贵于禽兽，但是需要我们把人之所以为人的东西保持住，发扬光大，没有这样的过程，人和禽兽的区别只能是微小的，或者说只能是一种可能。这就需要我们紧紧地抓住人的本质，成为一个完善的人。

孟子通过区别人和禽兽、君子和常人，再次肯定了道德教化的重要作用。这一思想对今天的我们也有诸多启发。人一生的追求有不同的目标，第一个目标是做人，第二个目标是做一个完善的人。人们要提高自己的境界，就需要反省自身，需要修身养性。当然，在发展自身的过程中，一定要采用正确的途径，采用道德的方法，否则就会遭人唾弃。

第二十七章　以道求富

人们提高自己的思想境界,是为了发展。人的发展是很广义的,包括思想上的发展,社会地位的发展,甚至欲望的满足。当然,发展也有不同的道路,但有很多人为了自己的发展,却采取了不正确的道路。比如下面孟子谈到的这个齐国人。

齐人有一妻一妾而处室者。其良人出,则必餍酒肉而后反。其妻问所与饮食者,则尽富贵也。其妻告其妾曰:"良人出,则必餍酒肉而后反,问其与饮食者,尽富贵也,而未尝有显者来,吾将瞷良人之所之也。"

齐国有这么一个人,家有一妻一妾。齐人外出,每次回家的时候都是酒足饭饱,一副扬扬得意之相。妻子问他跟谁一块儿吃饭,齐人很自豪地说,都是些富人权贵。他的妻子听了以后感到很奇怪,就对妾说:"丈夫外出,一定酒足饭饱以后才回来,问他跟谁在一块儿吃饭,所答都是些富人权贵,但家里从来没有显贵的人来访,我打算悄悄地跟踪他,看他究竟到哪儿去。"

蚤起,施从良人之所之,遍国中无与立谈者。卒之东郭墦间,之祭者,乞其馀;不足,又顾而之他,此其为餍足之道也。

其妻归,告其妾,曰:"良人者,所仰望而终身也,今若此。"与其妾讪其良人,而相泣于中庭,而良人未之知也,施施从外来,骄其妻妾。

第二天早晨,齐人又出去了,妻子就在后头悄悄地跟着他,走遍城中,没有一个人站住同他说话的。最后到了东郊的坟地,他向祭扫坟墓的人乞讨祭品,不够吃,他又四下张望找别人去要,这就是他吃饱喝足的办法。他妻子看到这里,就恍然大悟。

那妻子回到家来,告诉妾说:"丈夫是我们仰望而终身依靠的人,如今他竟是这样。"所以妻子和妾一道嘲讽丈夫,又在院子里相对而泣,而丈夫还不知道,非常得意地从外面回来,在他的妻子和妾面前炫耀起来。

这个故事也选入了中学课本。课本是从学习古文的角度来选的,因为这段文字对人物的刻画非常高明,简简单单的一些词就把这个齐人虚荣的嘴脸和行为淋漓尽致地刻画出来了。而孟子讲这个故事的用意可能没那么简单,我们也要有更多的思考。孟子在讲完这个故事之后,又说了下面一段话。

由君子观之,则人之所以求富贵利达者,其妻妾不羞也而不相泣者,几希矣!

这段话对于我们理解这个故事很有好处。孟子说,在君子看来,人们用来求富贵显达的办法,能使他们的妻妾不感到羞耻,不相对而泣的很少。世上的很多人,求富贵显达的手段都不正确,甚至很拙劣,所以他们甚至得不到自己妻子的赞赏。孟子所讲的故事用意是,有很多人是以不正确的方法来追求发展的。

那么,齐人的做法究竟在哪些方面违背了道德标准呢?齐人的做法可能有三点做得让人觉得不齿。首先,他失去了尊严。一个堂堂的男子汉不靠自己的双手去劳动,自食其力,而是想着投机取巧,乞讨人家的祭品,这确实丧失了他的人格。其次,他丧失了夫格。作为一个丈夫,他应该顶天立地,为自己的妻儿撑起一片天地,让他们得到幸福,但是他却靠那样一种为人不齿的方法,获得自己的衣食之饱,而不顾妻子儿女。这个人肯定也是一个游手好闲之人。再次,他违背了道德。他有极强的虚荣心,欺骗了自己的妻子儿女,这更是不正确的。

孟子并不是为了讲故事而讲故事,他实际上是要表达这样一个观点:跟那个齐人一样,很多人的做法是丧失人格、丧失尊严的,是欺骗、虚荣、苟且偷生的做法,他们只是靠这种做法满足了一时的虚荣,以求达到自己的目的。因此,我们对这种做法要坚决反对。

孟子认为,人要获得自身发展,追求富贵显达,必须坚守做人的道义,坚持大丈夫的气概。无论何时何地,都要居仁由义,固守情操,不坠青云之志。在接下来的《告子上》第十一章中,孟子对这一观点进行了具体的阐述。

孟子曰:"仁,人心也;义,人路也。舍其路而弗由,放其心而不知求,哀哉!人有鸡犬放,而知求之;有放心而不知求。"

孟子说,仁指的是人心,义指的是人走的路。放弃"义"的道路不走,丧失了善良的本性而不知道去寻找,可悲啊!也就是说,违了仁义之道是很悲哀的,因为仁义之道是人的根本,也是人追求发展的根本。

孟子接着说,人们有鸡狗丢了,便知道去寻找,但是丧失了仁义之心,却不知道去寻找。就像这个齐人一样,他违背了仁义之道,却不知道,还自以为是,这是特别令人悲哀的事情。

学问之道无他,求其放心而已矣。

为了强调这一点,孟子直截了当地说,学问之道没有其他的内容,就是找回那丧失了的仁义之心罢了。我们今天说的学问之道就是学习之道,学习知识。在孟子这里,学问之道不仅是学习知识、接受知识之道,而是做人之道。学习道德,了解规范,修身养性,做一个善良的人,这都叫学问之道。丢了仁义之心你要找回来,再丢了再找回来,要持之以恒,有毅力,这样仁义之心就会扎根在你的内心之中了。你就能够成为君子,成为圣人。

在这里,结合人们在个人的发展中采取的种种方法,孟子特别强调,仁义之道是人的根本。在任何时候,都要遵循着自己的根本,丝毫不能违背根本。我们在道德修养的过程中,有时候会出现曲折,这个时候就要调整自己,坚持道义。经过反复,仁义之心就会稳扎在我们内心之中。

在本章中,孟子着重提出人们提高自我境界,需要反身自省、修身养性,要以道求富,不能舍仁义而浮游。那么,孟子的这一系列观点给我们什么启发呢?

第一，每个人都要求富贵，但是要有正确的方法。孔子曾说："不义而富且贵，于我如浮云。"以不正确的方法去取得富和贵，我就把它看作是像浮云一样的，不为之所动。孔子、孟子所代表的儒家认为，富贵是人所需要的，但是需要正确的方法去取得，以不正确的方法去取得是不行的。为了取得富和贵，而去违背仁义道德，损害原则规范，这是孟子、孔子所反对的。

第二，在追求我们的理念、遵守道德的过程中，应该有一种毅力，有一种反复不屈的精神。修身养性之道实际上就是保持善良之心的过程，坚守下去，境界就会得到提高，思想就会得到净化，自己就会慢慢地成为一个有道德的人，一个用正确的方法追求利益的人。

第二十八章　事亲之道

在人的发展过程中,我们要处理各种各样的社会关系,因为每个人都是处于复杂的人际关系中的。在这种复杂交错的人际关系中,两种关系最重要:君臣关系和父子关系。君臣关系我们在前面已经讲到一些,那么父子关系该如何处理,处理父子关系要遵循什么原则呢?

孟子曰:"事,孰为大?事亲为大……孰不为事?事亲,事之本也。"

"事"就是侍奉的意思。孟子说,侍奉谁最要紧?照顾和伺候父母最要紧。怎样去伺候自己的父母呢?伺候父母是伺候人的根本,如果能够把自己的父母伺候好,那么对所有应该照顾的人,都是可以去照顾的。怎么样照顾父母呢?孟子没有直截了当地说,而是举了一个例子。

曾子养曾晳,必有酒肉。将彻,必请所与。问有馀,必曰:"有。"曾晳死,曾元养曾子,必有酒肉。将彻,不请所与。问有馀,曰:"亡矣。"——将以复进也。

从前,曾子赡养他的父亲曾晳的时候,每顿饭必有酒肉。要收拾碗筷的时候,曾子一定要问父亲剩下的饭菜给谁。如果曾晳问还剩了没有,曾子一定说还有。在吃饭这个事情上,他尽可能满足父亲的愿望,让父亲吃

得高兴。曾晳死后,曾子的儿子曾元奉养曾子,每顿饭必有酒肉。但是当曾子问还有没有剩饭时,曾元就说没有了。后人在注释的时候说,曾元可能是想下一顿的时候给曾子吃剩饭,这也是一种解释。不管怎么说,曾元养曾子比曾子养曾晳是有差距的。

曾子

此所谓养口体者也。若曾子,则可谓养志也。事亲若曾子者,可也。

孟子说，曾元养曾子是喂饱而已，而曾子养曾晳是养志。"养志"是顺承父亲之意，不仅仅让父母吃饱，而且要让父母吃得顺畅，吃得高兴，不违背父母的意志。侍奉赡养父母的人，能做到曾子这样就是可以的了。显而易见，像曾元这样就是不行的。孟子通过这个故事，强调侍奉父母是最重要的，而且侍奉父母是侍奉一切人的根本。如果仅仅像曾元养曾子那样，就跟养牛马没有什么不同。一定要顺从父母的意志，要让他们高兴。

　　孟子曰："不孝有三，无后为大。舜不告而娶，为无后也，君子以为犹告也。"

　　孟子在谈到舜的时候说，不孝顺的事有三种，其中没有子孙是最严重的。舜不先禀告父母就娶妻，就因为担心没有子孙，因此君子认为他没有禀告也同禀告了一样。

　　大家知道，舜和他的父亲关系不好，他的父亲是一个很没有道德的人，他的父母和弟弟千方百计地想暗害舜，但是舜几次逃过劫难。因为父亲不同意，所以舜很大年纪了都找不到老婆。因为按照礼来说，婚姻是父母之命、媒妁之言，一定要让父母决定。后来，尧把自己的女儿嫁给了舜，舜没敢告诉他的父母，因为他知道，即使告诉他的父母，父母也不会同意。

　　孟子认为，舜虽然没有告诉父母，但已经如同告诉了。因为舜如果告诉了他们，他就娶不着老婆，就没有后代。"不孝有三，无后为大"，子对父不孝有三种，无后是最大的不孝。东汉时期的赵岐，曾经对"不孝有三"的内容进行了注解："于礼有不孝者三者，谓阿意曲从，陷亲不义，一不孝也；家贫亲老，不为禄仕，二不孝也；不娶无子，绝先祖祀，三不孝也。"从这里，我们可以从另一方面了解到，孟子对孝这一品质的具体看法。

　　关于孝，孟子在另一个地方又讲到了"五不孝"。

　　公都子曰："匡章，通国皆称不孝焉。夫子与之游，又从而礼貌之，敢问何也？"

　　孟子的学生公都子问孟子，全国人都说匡章不孝，您还跟他交往，对

匡章

他很礼貌,这是什么道理呢?匡章是当时的一个人。孟子在讲这个问题的时候,讲到有"五不孝",而匡章不属于其中的任何一种。这五种不孝的行为分别是什么呢?

孟子曰:"……惰其四支,不顾父母之养,一不孝也;博奕好饮酒,不顾父母之养,二不孝也;好货财,私妻子,不顾父母之养,三不孝也;从耳目之欲,以为父母戮,四不孝也;好勇斗狠,以危父母,五不孝也。章子有一于是乎?"

一是懒惰,不去赡养父母;二是好饮酒、赌博,不照顾父母;三是贪财,并且偏爱妻子儿女,不顾父母;四是放纵欲望,无所不为,给父母带来很多羞耻;五是好勇斗狠,使父母陷入危险的境地。

孟子说,没有一种情况适合匡章,所以不能说他不孝。我们可以看到,在孟子的时代,人们关于"孝"讲得很多,而且在当时的礼仪制度中,都有非常详细的规定。

万章问曰:"舜往于田,号泣于旻天。何为其号泣也?"

孟子曰:"怨慕也。"

万章曰:"'父母爱之,喜而不忘。父母恶之,劳而不怨。'然则舜怨乎?"

万章问道,做了天子之后,舜还跑到田里对着苍天号哭,这是为什么呢?孟子说,因为他对父母既埋怨又怀念。"怨慕",怨恨和怀念。万章说,父母要是喜欢自己,会喜而不忘,要是厌恶自己,即使发愁也不应埋怨,而舜竟然埋怨父母吗?

天下之士悦之,人之所欲也,而不足以解忧;好色,人之所欲,妻帝之二女,而不足以解忧;富,人之所欲,富有天下,而不足以解忧;贵,人之所欲,贵为天子,而不足以解忧。人悦之、好色、富贵,无足以解忧者,惟顺于父母可以解忧。

孟子对这个问题进行了解释。他说,舜并不是怨恨自己的父母,而是怨恨自己不能顺从父母。天下的士人喜欢他,这是谁都盼望的,却不足以消除他的忧愁;漂亮的姑娘这是谁都盼望的,娶了尧的两个女儿,却不足以消除他的忧愁;富甲天下,这是很多人所追求的,却不足以使舜高兴;贵为天子,这同样是很多人追求的,但这也不能使舜高兴。那么什么能使他高兴,令他解忧呢?就是处理好与父母的关系,能够顺从父母。但是,他最终没能做到顺从父母,这是他最大的遗憾。

　　当然,这只是一个传说,孟子通过这个传说是要强调以顺为本,即使像舜和他的父亲之间的关系,仍然是这样的。即使很坏的父母,儒家仍然提倡顺从,所以不顺从成为舜终身的遗憾。根据这段故事的解释,可见儒家是多么强调孝和顺!

　　总结起来,孟子讲了孝道的三个方面:一要赡养父母;二要敬顺父母;三要传宗接代。这代表着中国古代社会对孝道的基本认定。在当今社会,虽然时代不同了,但孝道依然要讲,不过我们要对孝道的内容做一番改造。其中,有两点是值得我们遵循的:第一,父母对孩子要慈爱,要尊重;第二,子女对父母首先要尊重,其次要尽赡养的义务,尤其是在父母年老以后。这大概就是孟子的孝道经过转化以后,依然能够为我们所用的。

第二十九章　圣人气象

在儒家思想家的观念中,圣人代表着理想人格的最高境界。孔子的圣人观点十分严格,除了尧、舜、禹之外,似乎很少有人可与这一头衔相匹配。而圣人的理想人格,到了孟子这里则变得更加具体和现实,除了尧、舜、禹和夏、商、周三代的杰出君王之外,周公、伊尹、伯夷、叔齐等辅政名臣也被列入了圣人的群体。

虽然这些圣王贤臣都在道德的境界中达到了圣的地步,但是他们并不一样,而是各有特色,甚至还有高下之分。这些思想构成了孟子关于圣人的观念。在孟子那里,圣人是一个群体。在我看来,在历史上为人类、为社会做出了突出贡献的人,在道德领域有非常突出表现的人,都可以被孟子归为圣人。孟子对圣人群体有一个评价,虽然都是圣人,但是各有不同,有圣之清者,有圣之任者,有圣之和者。我们就来具体地看一看,孟子是怎样将历史上的圣王贤臣归为圣人的,又是怎样对他们进行评价的。

伯夷,圣之清者也。

孟子认为,伯夷是圣人,但他是圣之清者。伯夷、叔齐是古代孤竹君的两个王子,在周武王讨伐商纣王的时候,伯夷、叔齐抓住周武王战马的缰绳不让他去打,他们认为不能打仗。但是周武王没有听他们的话,坚持去攻打商纣王,推翻了商纣王的统治,伯夷、叔齐就感觉周武王的天下也是不干净的,因此他们不食周粟,逃进守阳山,最后饿死在那里。在孟子看来,伯夷也算是圣人,是清正的圣人。"清",非常清正,注意洁身自好。

孟子曰:"伯夷,目不视恶色,耳不听恶声。非其君不事,非其民不使。治则进,乱则退。横政之所出,横民之所止,不忍居也。思与乡人处,如以朝衣朝冠坐于涂炭也。当纣之时,居北海之滨,以待天下之清也。故闻伯夷之风者,顽夫廉,懦夫有立志。"

孟子以为,像伯夷这一类的人,国家稍一乱,他就隐退了,老百姓稍微不符合他的要求,他就不去管理了,始终保持着他的清正清廉,所以孟子把他称作圣之清者。了解了伯夷的气象,学习了伯夷的样子之后,"顽夫廉,懦夫有立志",行为不干净的人也会清廉起来,非常懦弱的人也会勃然有志。

伊尹,圣之任者也。

孟子认为,伊尹是圣人之中能够以天下为大任的人。"任"就是任重道远的"任",有一种使命感的意思。伊尹是商朝的大臣,商汤王取得天下之后,有一段困难时期,当时伊尹以天下安危为大任,主管朝政、教育王子,等到天下整顿之后,又把王位让给王子。

伊尹曰:"何事非君?何使非民?"治亦进,乱亦进,曰:"天之生斯民也,使先知觉后知,使先觉觉后觉。予,天民之先觉者也。予将以此道觉此民也。"思天下之民,匹夫匹妇有不与被尧、舜之泽者,若己推而内之沟中——其自任以天下之重也。

伊尹

伊尹有一种以天下为大任的使命感,他是天民之先知先觉者,有点当仁不让,那么他就有义务去教育后知后觉的人,教育天下的百姓。他认为,如果他在世,没有使天下的老百姓得到尧、舜的恩泽,就好像是自己把他们推到水沟里一样,有一种自愧。所以,他是有一种沉重的社会使命感的圣人。其实,孟子跟伊尹有点相似,因为孟子说过,"如欲平治天下,当今之世,舍我其谁也",他也有这样的使命感。

前面孟子分别将伯夷和伊尹评价为圣之清者和圣之任者。那么,除此之外,还有谁可以称为"圣人"呢?

柳下惠,圣之和者也。

柳下惠

柳下惠，是圣人中十分随和的人。我们经常说柳下惠坐怀不乱，但坐怀不乱的柳下惠，是不是孟子在这里说的柳下惠呢？我们不得而知。根据孟子的话，柳下惠可能确有其人。

柳下惠不羞污君，不辞小官；进不隐贤，必以其道；遗佚而不怨，厄穷而不悯。与乡人处，由由然不忍去也。"尔为尔，我为我，虽袒裼裸裎于我侧，尔焉能浼我哉？"故闻柳下惠之风者，鄙夫宽，薄夫敦。

柳下惠的特点就是和，非常宽容，非常随和。无论什么情况，他都可以去做官为政，跟平常人坐在一起，高高兴兴的不忍离去。照他的话说，"你是你，我是我，就算你赤身裸体在我身边，又怎么能污染我呢？"所以孟子说，柳下惠很宽厚、随和，听说过他的风节的人，鄙陋者变得宽宏大量，刻薄者变得温柔敦厚。

孔子是孟子特别钦佩的人，他认为自己的愿望就是学孔子，只可惜生活的年代离孔子很远，不可能成为孔子的及门弟子。他为什么特别佩服孔子呢？

孔子，圣之时者也。

孔子是圣人里面掌握时机最好的。怎么把时机掌握得最好呢？孟子举了这样几个例子。

孔子之去齐，接淅而行。去鲁，曰："迟迟吾行也，"去父母国之道也。可以速而速，可以久而久，可以处而处，可以仕而仕，孔子也。

孔子周游列国十四载，去齐国的时候，他听说自己不受欢迎，就匆匆地离开了，匆忙到什么程度呢？这个时候他和他的学生正在淘米做饭，米刚淘好，忽然听说齐王不欢迎他们，让他们赶紧走，他们马上把淘的米捞出来,急急忙忙就走了。连淘米的水都没干,还流了一地。

为什么离开齐国那么匆忙呢?这是因为他们早就想离开齐国了。而离开鲁国时,"迟迟吾行也"。孔子在鲁国当过大司寇,后来得不到施展抱负的机会,并且也不受季氏等人的欢迎,所以孔子决定离开祖国,流亡国外。但是他离开祖国的时候,行得非常晚、非常慢,每到一个地方都停一会儿,希望国君或者季氏能够改变主意,召他回去。

离开齐国那么迅速,而离开鲁国那么迟缓,在孟子看来,这其中有他的道理。所以孟子说,孔子的时机掌握得最好,可以快点离开就快点离开,可以久留就久留,可以做官就去做官,一切都以当时的情况来灵活地决定。

孟子在分别阐述了几位圣人之后,对他的圣人观进行了总结,与其他几位圣人相比,孔子又有什么不同呢?

孔子之谓集大成。集大成也者,金声而玉振之也。金声也者,始条理也;玉振之也者,终条理也。始条理者,智之事也;终条理者,圣之事也。智,譬则巧也;圣,譬则力也。由射于百步之外也,其至,尔力也;其中,非尔力也。

在这四个圣人里面,孔子是集大成者。什么叫集大成者呢?孟子说,集大成就像奏乐时先以击编钟开场,再以敲击玉磬收尾一样,完完整整。击打编钟是条理的开始,敲击玉磬是条理的终结。条理的开始,是运用智慧的事业;条理的终结,是完成圣德的事业。孟子接着说:"智,譬则巧也,圣,譬则力也",智和圣要结合起来,技巧和功力要结合起来,才能够完成一个完整的乐章。

孟子认为孔子就是集大成者,孔子既有圣又有智,是原则性和灵活性的结合,是最完美的人。我们可以清楚地看到,孟子对孔子佩服得五体投地。虽然伯夷、伊尹、柳下惠和孔子都是圣人,但是圣人也有高低,在孟子那里,孔子是圣人之中出类拔萃的人。

在孟子看来,圣人是一个群体,他通过对圣人的评价来评价历史。圣人各有千秋。要强调的是,孟子对圣人的评价是比较宽的,他不是那么苛求,只要具有圣人之一端,就可以看作圣人。伯夷、伊尹、柳下惠、孔子都是现实中的人,而且有些离孟子的时代并不远,这就使圣人这样一种理想人格的理论更具感召力了。他也告诉人们,圣人并非高不可攀,只要通过修养,达到了一定的功力,具有了圣人之一端,就可以是圣人。因此,从孟子开始,儒家的圣人理论就更具有吸引力和感召力了。

第三十章　朋友之道

对于历史上有贡献,在道德修养、人格塑造上独树一帜的人,孟子都封为圣人。这样,人们往圣人君子的方向努力就有了更明白具体的目标,不再那么抽象、遥远。人们在完善自身的过程中,还要处理复杂的社会关系,其中朋友的问题就是不可避免的。

万章问曰:"敢问友。"

孟子曰:"不挟长,不挟贵,不挟兄弟而友。友也者,友其德也,不可以有挟也。"

朋友之间的交往应该没有任何附加条件,也不能有任何挟持的条件。这是孟子对朋友关系的基本观点。在朋友交往中,不能掺入地位高低的因素,也不能够掺入年龄长幼的因素。还有,也不能加入兄弟之间的关系,不能因为血缘的亲疏影响了朋友之间的关系。

朋友之间关系的基本原则是什么呢?"友也者,友其德也",朋友的交往是因为欣赏对方的高风亮节或者学识,而不能受财产、地位等因素的影响。为了进一步说明这个道理,孟子讲了几个例子。

孟献子,百乘之家也,有友五人焉:乐正裘、牧仲,其三人则予忘之矣。献子之与此五人者友也,无献子之家者也。此五人者,亦有献子之家,则不与之友矣。

鲁国有个大夫叫孟献子,他拥有百辆车马。"百乘之家"指拥有百辆车马的大夫。他有五个朋友,作为有百乘之家的大夫,孟献子跟这五个人交朋友的时候,完全忘记了自己百乘之家的财富,丝毫没有拿财富去压人;那五个人跟他交朋友的时候,也忘记了他有百乘之家的财富和地位。这样的交往才能够称作朋友,这样也才能够交朋友。

非惟百乘之家为然也,虽小国之君亦有之。费惠公曰:"吾于子思则师之矣,吾于颜般则友之矣。王顺、长息,则事我者也。"

　　百乘之家的大夫交朋友是这样,小国之君交朋友也是这样。费惠公是鲁国南部一个很小的国家费国的诸侯,费惠公也有他自己的朋友。费惠公说:"我对于子思,是把他当老师;我对于颜般,是把他当朋友;王顺、长息则是服侍我的。"子思是孔子的孙子,是孟子的老师的老师,在当时的鲁国、滕国、邹国一带,是很有名气的儒者,所以费惠公不敢以子思为友,而是为师,这叫师友的关系。颜般是谁我们现在不得而知了。孟子举这个例子是为了说明,像费惠公这样的小国的君主,在与人交朋友的时候,也完全忘却了自己是一个国君,而与他交朋友的人也忘却了他的权势,否则这不能称作朋友。

　　非惟小国之君为然也,虽大国之君亦有之。晋平公之于亥唐也,入云则入,坐云则坐,食云则食。虽蔬食菜羹,未尝不饱,盖不敢不饱也。然终于此而已矣。

　　不仅小国的君主是这样,即使大国的君主也有这种人。在没有三家分晋的时候,晋国是一个很大的国家,晋平公则是拥有大片土地的诸侯。晋平公与亥唐交朋友,亥唐让他进来他才进来,让他坐

子思

他才坐,让他吃饭他才吃饭。即使吃的是粗茶淡饭,他也没有一次不吃饱的。这说明,晋平公对亥唐非常尊敬,也听他的。作为一个大国的国君,晋平公竟能够对亥唐这样的人如此言听计从,应该说他忘却了自己的权势,而这个朋友也是交得很好的。孟子认为这还不到位,所以说"然终于此而已矣",他们之间的朋友之交也就到此而已。

　　弗与共天位也,弗与治天职也,弗与食天禄也。士之尊贤者也,非王公之尊贤也。

晋平公、费惠公这样的人跟士人交朋友，对他们很尊敬，但是，却没有跟士人一块儿共事，一块儿治理天下。这只是士人的尊贤，而不是王公的尊贤。孟子下面又举例子，看看天子怎么交朋友。

舜尚见帝，帝馆甥于贰室，亦飨舜，迭为宾主，是天子而友匹夫也。

晋平公

舜去见帝尧的时候，尧把他安排在另外一个宫殿里住，而且请他吃饭，两人互为宾主，这才是天子跟普通百姓做朋友的态度。孟子说，这是最可贵的，也是最高的境界。

进一步说，孟子认为一个有地位的人与人交朋友的时候，不仅要尊重朋友，而且要与朋友共事，这才是真正忘却了自己的权势。由此，他认为权贵之人是可以与朋友分享权力的，这也是孟子思想中理想化的一面。

用下敬上，谓之贵贵；用上敬下，谓之尊贤。贵贵尊贤，其义一也。

下面的人尊重上面的人，这是尊重他的地位；上面的人尊重下面的人，这是尊重他的才能。尊重他的地位和尊重他的才能，本意应该是一样的。因为"用下敬上"，他可能是尊重你的地位，但是作为一个朋友来说，他并不是尊重你的地位，而是尊重你的人品，尊重你的才华；"用上敬下"也是这样，没有这一点就不可能做到。居上位的人有下位的人的德，居下位的人有上位人的德，这样才能够成为朋友，否则就不可能成为朋友。

"以德会友""以仁服德""君子之交淡如水"等成语都是从孟子和孔子的思想演变而来的。从孟子的一席话中可以看到，真正的朋友是精神之交的朋友，要有共同的志向、情趣，在思想上能够取长补短。孟子举小国之君、大国之君、天子的例子，无非就是说明这个问题。

孟子在讲到朋友之间相处原则的问题时，提到了"友也者，友其德也"的观点,这对今天的我们有很大的启发。在《告子上》第九章中,孟子同样提出了一个让今人耳熟能详的观点,那就是"专心致志"。

孟子曰:"无或乎王之不智也。虽有天下易生之物也,一日暴之,十日寒之,未有能生者也。吾见亦罕矣,吾退而寒之者至矣,吾如有萌焉,何哉?"

孟子说,我不怪大王不聪明。这个王也许是齐宣王,也许是梁惠王。因为就像如果有一种动、植物,晒它一天,又冻它十天,即使再能够生长的东西也不可能生长起来了。大王一时心血来潮,想实行仁政,才过一天就没有劲头了,十天后又放弃了,这样是做不成的。孟子又说,我见到您的次数很少,您也不经常召见我,即使您的内心中有良心的萌芽,如果没有人劝导您、帮助您,经过这么多天,您那一点良心也就丧失了。

这段话貌似没头没脑,但仔细分析可以发现,他讲了这样的道理:国君治国,选择了正确的方向,就应该持之以恒,不能三心二意,一暴十寒。讲到这个问题的时候,孟子又举了一个例子。

今夫弈之为数,小数也;不专心致志,则不得也。弈秋,通国之善弈者也。使弈秋诲二人弈。其一人专心致志,惟弈秋之为听。一人虽听之,一心以为有鸿鹄将至,思援弓缴而射之,虽与之俱学,弗若之矣。为是其智弗若与?曰:非然也。

大王没有做好,是因为没有恒心。下棋是很小的技艺,可是如果不专心致志,就学不成。有一个人叫弈秋,是全国的下棋高手,有两个人来跟弈秋学下棋。其中一个人把全部心思都放在下棋上,弈秋说的每一句话,他都认真听、记下来,并照着去做;另外一个人虽然也听了,却三心二意,另外一半心想着别的事情:天上是不是有大雁飞过来,飞过来以后拿弓箭去射它,射掉以后拿回家煮着吃。这样的话,两个人就有了差别,那个三心二意的人就不如专心致志的人学得好。是因为他的智商不如那个学得好的人吗?当然不是。

这个故事后来就演化成一个成语"专心致志"。下棋这么小的事情尚且需要一心一意，对于治国这样的大事，如果三心二意、一暴十寒，还能做好吗？这是孟子讲给我们的道理。

学弈

第三十一章 人性本善

孟子不仅讨论了许多人生道理,而且还讨论了人的本质。对于人是什么的问题,孟子提出了一个很独特的观点。《三字经》的开篇第一言,"人之初,性本善",实际上就概括了孟子性善论的基本观点。

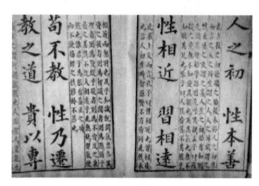

《三字经》

孟子可以说是提出性善论的第一人。在孟子以前,孔子也曾对人性问题进行过探讨,并得出了"性相近也,习相远也"的观点,意思是说人的本质是相近的,是后天的环境和努力使得人们原本相近的本性发生了变化。但对于人的本质究竟是什么的问题,孔子并没有给出明确的答案。

下面来看孟子是怎样具体讨论人性问题的。孟子跟当时一个叫告子的思想家进行过好几次面对面的讨论,而且讨论很激烈。

告子

告子到底何许人也?关于告子有不同的说法。

说法一:告子是东周战国时思想家,曾受教于墨子,有口才,讲仁义。由于孟子在人性问题上和他有过几次辩论,所以他的学说仅有一鳞片甲记录在《孟子·告子》中。

说法二:告子是孟子的学生。因为古人赵岐考证过,他是孟子的弟子。

说法三：告子本人无著作流传，因此也有其人纯属杜撰一说。

告子曰："性，犹杞柳也；义，犹桮棬也。以人性为仁义，犹以杞柳为桮棬。"

告子的观点是自然人性论。所谓自然人性论，就是人生下来所具有的一切本能都是人性。"杞柳"是一种植物，枝条很长而且柔软，可以用来编成各种器具。"桮棬"是用杞柳编成的各种杯盘。告子说，人性就像柔软的枝条，它是自然生长的，义理就像杯盘。以人性为仁义就好比以杞柳为桮棬，他认为，如果把人性定义为仁义，就等于把杞柳当作桮棬，但桮棬和杞柳实际上是不一样的，桮棬是杞柳做成的东西，并不是杞柳本身。

孟子曰："子能顺杞柳之性而以为桮棬乎？将戕贼杞柳而后以为桮棬也？如将戕贼杞柳而以为桮棬，则亦将戕贼人以为仁义与？率天下之人而祸仁义者，必子之言夫！"

孟子不同意告子的观点。孟子说，你是顺应杞柳的本性来编成桮棬，还是改变了它的本性之后来做成桮棬呢？孟子说，拿杞柳做成桮棬，是因为顺应了杞柳柔韧的本性，并不是对杞柳做了很大的改变，然后做成桮棬。所以说，顺应人性也可以培养出仁义。如果破坏了杞柳的本性，把它做成桮棬，就等于破坏了人性来发展仁义，而这实际上是在损害仁义。

这里展现了孟子和告子在讲人性问题时的不同思路。告子认为，人生下来获得的一切东西都是人性；孟子认为，人性是人生下来所获得的一切的一个倾向或发展势头。从发展势头来看，可以有仁义，但并不是说这就是仁义，这是他们之间的区别，这一点很重要。

接下来，他们将以水为例，继续对人性问题进行探讨。

告子曰："性犹湍水也，决诸东方则东流，决诸西方则西流。人性之无分于善不善也，犹水之无分于东西也。"

告子说，人性就像湍急的水一样，你给它在东边扒个口子，引它向东方，它就向东方流去，你在西边扒个口子，引它去西方，它就向西方流去。

所以,人性不分善恶,就跟水不分东西一样,全在后天的引导和所为。这个道理跟他举的杞柳的例子也比较接近。

孟子曰:"水信无分于东西,无分于上下乎?人性之善也,犹水之就下也。人无有不善,水无有不下。今夫水,搏而跃之,可使过颡;激而行之,可使在山。是岂水之性哉?其势则然也。人之可使为不善,其性亦犹是也。"

孟子说,水的确无所谓向东流向西流,但是也无所谓向上流向下流吗?人性向善,就像水往低处流一样。人性没有不善良的,水没有不向低处流的。当然,如果水受拍打而飞溅起来,能使它高过额头;加压迫使它倒行,能使它流上山冈。这难道是水的本性吗?是形势迫使它如此的。人的确可以迫使他做坏事,本性的改变也像这样。

与第一场争论相比,这次争论说得更明白:性无不善,就跟水要向下流一样,这是必然趋势。

告子曰:"生之谓性。"

孟子曰:"生之谓性也,犹白之谓白与?"

曰:"然。"

"白羽之白也,犹白雪之白;白雪之白,犹白玉之白与?"

曰:"然。"

"然则犬之性,犹牛之性;牛之性,犹人之性欤?"

第三场辩论,告子讲得更直接明白了。他说,人来到这个世界上,所获得的一切就叫性。比如人生下来就有食和色的本能,所以有人说:"食、色,性也。"

孟子说,生下来所获得的就叫性,那么只要是白的东西,我们都可以称它为白吗?告子没理解孟子的意思,就回答说是。

孟子接着说,白色羽毛的白、白雪的白、白玉石的白,是不是都是一样的呢?告子说,当然了。

孟子又说,如果这样的话,狗的天性就好比牛的天性,牛的天性就好比人的天性吗？

二人的对话到此结束，大概告子是没有办法回答了。

这里讲了这样一个道理，如果简简单单地说"生之谓性"，就没有把人的天性和狗的、牛的天性区别开来。我们讨论人性的问题，不能仅仅把人性归结为自然的本能，还要注意人和动物的区别，就好像孟子在前头讲的"人之所以异于禽兽者几希"，我们要从这个角度去讨论问题。

告子曰："食、色，性也。仁，内也，非外也；义，外也，非内也。"

告子说，人性就是食，就是色。"食"是人的一种求生欲望，求食的一种本能。"色"是人繁殖的本能，成熟的人都要繁殖。"食"和"色"是人的最基本的本能，是人们保证自己族类繁衍生长的本能。告子把这两种本能定义为人性的内容，这和"生之谓性"其实是一个意思。为了强化他的观点，他故意说仁义的东西是外在的。告子接着说，仁是内在的，不是外在的，但义是外在的，不是内在的。

这就又给孟子出了一个难题，因为孟子认为仁义都是内在的，他把仁义定义为人性的内涵。孟子听到告子这么说，没有直截了当地去反驳。这个问题已经在反驳"生之谓性"的时候辩论过了，孟子这次把反驳的焦点集中在了义是外在的上面。

孟子曰："何以谓仁内义外也？"

曰："彼长而我长之，非有长于我也。犹彼白而我白之，从其白于外也，故谓之外也。"

孟子问，为什么说仁是内在的，而义是外在的呢？

告子说，一个人年长，我尊重他，并不是我心中有尊敬之情；就好比那东西是白色而我把它作为白色的东西，是随从它外表的白色，所以行为方式就称为外在的。

告子的话听起来很绕口，但也有一定的道理，孟子可不这么认为。

曰："(异于)白马之白也，无以异于白人之白也。不识长马之长也，无以异于长人之长欤？且谓长者义乎？长之者义乎？"

孟子说，不同于白马的白色，那么也没有不同于白人的白色；不能识别老马的老，那么也没有对老人的尊敬吗？你是说年长者的行为方式呢，还是说尊敬年长者的行为方式？实际上，孟子是利用告子话里面的破绽来反击他，怜悯老马是义呢，还是尊重年长的人是义呢？

听到这里，告子又换了一个话题。

曰："吾弟则爱之，秦人之弟则不爱也，是以我为悦者也，故谓之内。长楚人之长，亦长吾之长，是以长为悦者也，故谓之外也。"

告子说，是我的弟弟，我就爱他，是秦国人的弟弟，我就不爱他。这是以我来划界的，爱不爱是由我自己内心决定的，所以仁是内在的。尊敬楚国的长者，也尊敬我自己的长者，尊敬与否，是由年长这个外在因素决定的，而不是以是否是我的亲人为标准，所以义是外在的。

曰："耆秦人之炙，无以异于耆吾炙，夫物则亦有然者也，然则耆炙亦有外欤？"

孟子说，喜欢吃秦国人的烤肉和喜欢吃自己的烤肉没有什么区别，难道喜欢吃烤肉的心也是外在的吗？孟子以一种饮食的行为来反驳告子。尊敬长者是由于外在的原因，就跟喜欢吃肉也是外在的原因一样，是站不住脚的。

孟子的观点认为，"食、色，性也"是站不住的。仁义是内在的，因为它们是人性的内涵。从这一系列的辩论可以看出，孟子的人性论和告子等人的人性论是不同的。孟子的人性善，并不是简简单单的"人之初，性本善"所能概括的，而是建构在非常大的理论基础之上的。

孟子与告子进行了多场辩论，从他们的辩论中，我们了解了孟子提出性善论的基本思路。当然，不能说告子的理论就一定不如孟子，只是说孟子的理论有其独特的一面。其实，孟子对性善论也有一些更直接的归纳引申。

孟子的学生公都子在听了很多人性理论的讨论之后，向老师提出了他的困惑。关于人性本质的认识，在当时有四种理论，分别是：性无善无不善论，性可善可不善论，有性善有性不善论以及孟子所坚持的性善论。《告子上》第六章记载了公都子与孟子就性善的种种理论进行交流的对话。

　　公都子曰："告子曰：'性无善无不善也。'"

　　第一种理论是告子提出的：性无善无不善。简单地说，告子提出的是性无善恶论。前面我们已经了解了告子的这种理论，比如告子说，"性，犹杞柳也；义，犹桮棬也"，"性如湍水也"，"生之谓性"，"食、色，性也"。因此，这里实际上是对告子从不同的角度讲性善的概括，也有人把这种性无善恶论概括为自然人性论。这是当时的一个很重要的理论。

　　或曰："性可以为善，可以为不善。是故文、武兴，则民好善，幽、厉兴，则民好暴。"

　　有人说，性可以为善，可以为不善。也就是说，人性是可以变的。孔子曾说："性相近也，习相远也。"也是在说人性是可变的。但是怎样变，孔子没有说。我们可以这样推测，有人就对孔子的思想进行了发挥，说人性是可以变的。人性可以往好的地方发展，也可以往不好的地方发展，这叫性可变论，或者说性可善可恶论。

　　性可善可恶论的前提条件是外界条件。所以他说，周文王、周武王当政的时候，百姓就趋于善良；周幽王、周厉王当政的时候，百姓就趋于残暴。因为周文王、周武王实行的是仁政，而周幽王、周厉王则是昏君、暴君，搞得天下混乱，所以民性也就各有不同。人性是变的，但是变是有条件的，这个条件就是外界条件。这里讲的人性，更主要的是讲民性。民性在于引导，在于环境的营造。

　　或曰："有性善，有性不善。是故以尧为君而有象，以瞽瞍为父而有舜，以纣为兄之子且以为君，而有微子启、王子比干。"

　　第三种理论是有性善有性不善。也有人说，有本性善良的，有本性不

烽火戏诸侯

善良的。它把人分成了两类，不是讲全部的人性，而是讲部分的人性，而且性善性恶是天生不变的。

因此，有尧这样的圣人做君主，却有象这样恶劣的百姓；有瞽瞍这样的坏父亲，却有舜这样的好儿子；有商纣这样恶劣的侄儿，而且位列君主，却有微子启、王子比干这样的仁人。

瞽瞍经常想着要杀害他的儿子，是一个很荒唐的父亲；商纣是微子启和王子比干的侄子，却残暴无比。这就是说，人有区别，有性善，有性恶。

今曰："性善"，然则彼皆非与？

孟子认为性是善的，跟上面三种理论都不同。公都子向孟子提出了一个尖锐的问题：您今天说性是善的，那么他们说的都是不对的吗？

孟子曰："乃若其情，则可以为善矣，乃所谓善也。若夫为不善，非才之罪也。

这句话很经典，是理解孟子性善论的重要材料。孟子说，从人的天赋资质来看，是可以使它善良的，这就是我所说的人性善良；至于有的人性不善，那不是天赋资质的罪过。

这里要搞清楚"情"和"才"的意思。"情"，不要理解为感情的情，这个"情"就是"实"，实际的实。古人还给它解释，"情犹素也"，"素"就是用丝织成的带有蚕丝本色的帛，经过了漂染之后的帛就不叫"素"了。也就是说，"情"是说事物的本来面貌、实际状况。"才"的本义是小草刚从土里钻出来，露了一点尖，意思是事物本来的存在状况，或者最初的存在状况。

理解了这两个字，我们就好理解孟子这段话了。孟子的意思是说，如果从人性最初的真实状况去说的话,人性是可以成为善的。有的人没有成为善,不能说是他人性最初状况的原因,而是他后天的不努力。这句话是理解孟子性善论的经典话语。根据这段话,有的人就说孟子的性善论是性可善论。如果从人性跟其他动物天性的区别来说,我们也可以简单地说是人性善,它包含着对人的价值的肯定和评价。

接下来,孟子将对自己的"乃若其情,则可以为善"的观点进行详细的论述。

恻隐之心,人皆有之。羞恶之心,人皆有之;恭敬之心,人皆有之。是非之心,人皆有之。

为什么"乃若其情,则可以为善"呢?他说,"恻隐之心,人皆有之"。我们讲过恻隐之心,当人突然看见一个小孩要掉到井里,都会马上产生恐惧、紧张的心理,并进一步产生不忍伤害他人的动机,并随之会发生救助他人的行为,这种救助他人的行为,如果稳定下来,就是一种爱人之心。

恻隐之心,仁也。羞恶之心,义也;恭敬之心,礼也;是非之心,智也。仁义礼智,非由外铄我也,我固有之也,弗思耳矣。

恻隐之心会产生仁德,仁德的萌芽就存在于恻隐之心之中。同理,羞恶之心、恭敬之心、是非之心,可以产生出义、礼、智这样的德行。所以,孟子的思想中有四端,四端产生四心,四心再产生四德。从这个意义上讲,仁、义、礼、智四德就不是外在于我的,而是我固有之。所不同的是,很多人没有认识到这一点。认识到了,他就是圣人;没有认识到,他就是庶民;没有认识到,甚至把这个丢掉了,他就是小人。这是孟子讲性善论的主要出发点。

我们可以看到这样几点:首先,孟子并没有反对其他的人性论,没有说其他的人性论对或不对,而是说自己有独特的思路,这种独特的思路,就是从人类和其他动物的区别的角度来讲性善,从发展的趋势、潜质的角度讲性善。正因为他的不同,性善论才更有特色。性善论是对人的一种

荀子

董仲舒

韩愈

朱熹

积极的评价,他告诉人们,只要努力,都可以成为圣人,所以他坚决反对那些自暴自弃的人。

正因为他提出了性善论,所以他希望把善的萌芽培养起来,不要丢掉它,因为它很弱小。修身养性实际上就是对这种善性的呵护、反思和存养。他的修身养性的一整套理论就是在这个基础上建立起来的。这就是性善论。

孟子的性善论,在历史上是很有影响的,并逐渐成为主流的人性论。经过后人的改造,它成为后人的人性论中的重要成分。比如,孟子提出了性善论,其后荀子提出了性恶论,到了汉代的时候,董仲舒就对性善论、性恶论进行了改造,提出了性三品说。到了唐代,韩愈提出了性情三品说。宋代的时候,朱熹提出了人性的二元说。从人性论的发展可以看到,孟子提出的人性论是人性理论发展的重要基础。当然,孟子也有他的局限性,但是他的人性论的提出,对于他的理论以及后来儒家思想的发展都产生了很重要的影响。

第三十二章　圣人与我同类

"乃若其情,则可以为善矣,乃所谓善也",这句话是孟子性善论的基本逻辑的表述。那么,怎样成善,为什么成善在人,为什么善的发展有一个复杂的过程呢?

曹交问曰:"人皆可以为尧、舜,有诸?"孟子曰:"然。""交闻文王十尺,汤九尺,今交九尺四寸以长,食粟而已,如何则可?"

曹交问孟子,所有的人都可以成为尧、舜这样的圣人,有这种说法吗?孟子说,有啊。曹交接着问,听说周文王身高十尺,商汤王身高九尺,我身高九尺四寸还多,但是我天天就是吃饭,怎么做才能成为周文王、商汤王,以至于尧、舜这样的圣人呢?

他说的"十尺""九尺"是古代的一种计量高度。在这里,曹交看问题是片面的,他说自己跟周文王和商汤王差不多高,却没有成为圣人,这是为什么呢?

曰:"奚有于是?亦为之而已矣。有人于此,力不能胜一匹雏,则为无力人矣。今日举百钧,则为有力人矣。然则举乌获之任,是亦为乌获而已矣。夫人岂以不胜为患哉?弗为耳。"

孟子说,这有什么关系呢?你去做就行了。一个人要说他连一只小鸡都举不起来,他肯定是没有用力。今天有人说他能够举起百钧之物,那么他是个大力士;有人说他能够举起乌获举起的东西,那他就是像乌获这样的大力士。人难道该为不能胜任发愁吗?只是不去做罢了。一钧是三十斤,百钧就是三千斤。乌获是古代的一个大力士。

徐行后长者谓之弟,疾行先长者谓之不弟。夫徐行者,岂人所不能哉?所不为也。

有些事情可以轻而易举地去做,但是有些人就不去做;有些事情做起来可能很难,我们就要有一个积累的过程。比如,讲孝悌,就尊重年长者。和长者一起出行,要跟在年长者的身后慢慢地走,这是对年长者的尊敬。有的人走得很快,把年长者远远地扔到后面了,这是对年长者的不尊敬。

尧、舜之道,孝弟而已矣。子服尧之服,诵尧之言,行尧之行,是尧而已矣。子服桀之服,诵桀之言,行桀之行,是桀而已矣。

孟子接着说,一切都在你做和不做之间。如果你穿尧的服装,说尧说的话,按照尧的样子去做,你就是尧;如果你穿桀的服装,说桀说的话,做桀所做的事,你就是桀。

从孟子的性善论可以推出,人都可以成尧、舜。为什么在现实的社会中,有尧、舜这样的圣人,也有桀、纣这样的暴君,但是仍然要说人皆可以为尧、舜呢?孟子有一个很著名的论断。

故凡同类者,举相似也,何独至于人而疑之?圣人与我同类者。

"圣人,与我同类者",圣人和我是同类的人,长相、心理、情感、理智等基本上是相似的。孟子在谈性善论的时候,是从这个角度来谈的。有了这个相同之处,人就可以成为尧、舜。对于这个道理,孟子也用了很浅显的例子来说明。

孟子曰:"富岁,子弟多赖,凶岁,子弟多暴。非天之降才尔殊也,其所以陷溺其心者然也。"

孟子说,丰收的年岁很多年轻人都懒惰;灾荒之年很多年轻人就出去干坏事,抢人家东西。这是因为年轻人的本性或者行为方式发生了改变。"非天之降才尔殊也,其所以陷溺其心者然也",并不是上天给予他们这样的本性,而是后天的环境造成的。也就是说,年轻人基本上是相似的,不是说有一群人懒惰,有一群人残暴。

今夫麰麦,播种而耰之,其地同,树之时又同,浡然而生,至于日至之时,皆熟矣。虽有不同,则地有肥硗,雨露之养、人事之不齐也。

这好像种庄稼一样,今天种下麰麦,而且精心耕作,种植的地块相同,土壤肥瘦相同,时间也相同。庄稼就会苗壮地成长,到了一定的时候都会成熟。但是,有的收成好,有的收成不好。这并不是因为麦子的问题,是因为人的努力不同。比如施肥的多少,用力的多少。人也是这样。不能认为人和人之间会完全不同,而更多的是相同。从理论上来说,圣人和我是属于同一类的。

故龙子曰:"不知足而为屦,我知其不为蒉也。"屦之相似,天下之足同也。

有一位叫龙子的古人说过这样一句话:"我不知道这个人脚的大小,而给他做鞋子,也肯定不会把鞋子做得像筐这么大。"也就是说,人的脚有大有小,但不会差距太大。为了说明相似性,孟子又从人的口味、审美的角度去讲。

口之于味,有同耆也,易牙先得我口之所耆者也。如使口之于味也,其性与人殊,若犬马之与我不同类也,则天下何耆皆从易牙之于味也?至于味,天下期于易牙,是天下之口相似也。

他说,天下人的口味都是相似的,对甜、香、咸、辣都有相似的味觉,所以像易牙这样的美食家说什么好吃,大家也都说什么好吃。易牙是古代的一个美食家。因为易牙和我们所有的人一样,有共同的味觉。如果大家的口味千差万别,毫不相同,就不会以易牙的口味为美味的标准了。

惟耳亦然。至于声,天下期于师旷,是天下之耳相似也。

音乐也是这样。古代有一位音乐家叫师旷,他能够确认音乐好听与否。人们都以师旷为标准,师旷说非常好听的音乐,大家都说好听;师旷说不好听的音乐,大家也都说不好听。如果大家在美妙的音乐的认定上千差万别,那么人

易牙

们是不会以师旷为标准的。

惟目亦然。至于子都,天下莫不知其姣也。不知子都之姣者,无目者也。

对于美色亦如此。在古代,有一个叫子都的美男子,人们都认为他很美。所以孟子说,如果有人看到子都,认为他不美,那这个人就是有眼无珠。之所以人们都会认为子都美,就是因为人们对容貌之美有共同的标准。通过这些例子我们可以说,人们在很多地方都有相同的标准,都有相同之处。

至于心,独无所同然乎?心之所同然者何也?谓理也,义也。圣人先得我心之所同然耳。故理义之悦我心,犹刍豢之悦我口。

在精神方面,人们的相同之处就是道德之善。只不过圣人先得到了道德之善,而有很多人后得到或者没有得到,这就使得人和人出现了差别。因此,孟子最后说了一句话:"故理义之悦我心,犹刍豢之悦我口。"人们有追求美味的欲望,对于理义的追求也是一样。对道德至善的追求就像人们追求美味一样,也是本能的、必然的、自然的。

在道德理性方面,人们的相似性仍然是需要认识的。正是在这一点上,孟子说人皆可以为尧、舜。在具有道德理性的本性上,人们都是一样的。

第三十三章　存气养心

为了进一步阐明人人可以为尧、舜的道理,孟子从人类的概念出发来讨论这个问题。每个人和尧、舜都是一样的,但是现实中很多人并没有成为圣人,这是为什么呢?

孟子曰:"牛山之木尝美矣,以其郊于大国也,斧斤伐之,可以为美乎?是其日夜之所息,雨露之所润,非无萌蘖之生焉,牛羊又从而牧之,是以若彼濯濯也。人见其濯濯也,以为未尝有材焉,此岂山之性也哉?"

孟子说,牛山曾经树木茂盛,一片葱绿,非常美。因为它在齐国首都的旁边,所以人们就到山上去砍伐木头,茂盛的森林给砍光了。树根或者种子在雨露的滋润之下,还是会萌芽并长出枝条,最终长出大树来的。但是,人们又在牛山上放牧,牛羊把刚长出来的嫩芽全都啃光了,使得牛山变成光秃秃的了。人们看到牛山是光秃秃的,就以为这个山本来就是光秃秃的。这难道是山的本来面目吗?

孟子认为人的本性的发展过程,和牛山的变化是一样的。他在讲牛山的变化时,讲了这样几个意思。第一层意思,牛山是很美的,这就像人性原来是善的;第二层意思,牛山之所以变得光秃秃,是因为人们的砍伐和放牧,而且这种摧残是一个反复的过程,而人的本性的发展也是这样,人的善良本性也是因为人们的摧残而被丢掉、改变了。人的本性在发展的过程中,就像牛山上的树木一样,经过反复地摧残,重新生长的可能也没有了,内心中固有的善也就没有了。

虽存乎人者,岂无仁义之心哉?其所以放其良心者,亦犹斧斤之于木也,旦旦而伐之,可以为美乎?

人内心中本来保存着仁义之心,但最后丢失了良心,这个过程就像拿斧子砍伐木头一样。天天去砍,可以为美乎?难道这个仁义之心,还可以存在吗？之所以有的人没能成为圣人，是因为他们丢失了自己的良心。

孟子此处提到的良心，指的是什么呢？"良心"这个词最早是在这里出现的，它就是仁义之心。我们现在讲的"良心"虽然与孟子讲的"良心"有所不同，但在根本上又是相同的。孟子讲的良心，不是简简单单的仁义之心，它是固化在人内心深处的仁义之心，是一种道德理性，也是一种道德良知。

在人的社会发展过程中，人都会慢慢地具有这种良心，并且引起一系列的理性和感性的变化，最终促成人们行为的调整。良心是内在的，是内在的评价者，是经过道德的体认之后形成的一种道德意识。孟子说的"良心"已经具有这个含义了。"其所以放其良心"就是说人们把这种良心丢了。

其日夜之所息，平旦之气，其好恶与人相近也者几希，则其旦昼之所为，有梏亡之矣。梏之反覆，则其夜气不足以存。夜气不足以存，则其违禽兽不远矣。人见其禽兽也，而以为未尝有才焉者，是岂人之情也哉？

孟子在这里又讲了两个概念，一个是"平旦之气"，一个是"夜气"。

什么叫"平旦之气"？"旦"是太阳，"平旦"就是太阳刚要升起的时候，也就是黎明时分。经过了一夜的休整，到了天快亮的时候，人们的心境就比较平静了，思路也比较清楚，这个时候人们就有一种精神气象，甚至是一种身体的气象，我们把它叫作平旦之气。什么叫"夜气"呢？夜气是笼统地说的，是经过整个夜晚之后最终获得或者达到的一种精神气象。

为什么孟子讲平旦之气和夜气呢？因为我们白天要出门做事，晚上可以独处，冷静地思考一天的所作所为。我们检讨的标准，就是内心中的良心，也就是说在我们获得了夜气和平旦之气的时候，良心就会有所发现。白天我们身处纷纷攘攘的社会中，只有当我们夜晚静下心来的时候，才可以去静静地思考。所以，孟子说，夜气、平旦之气里头是有良心存在的。

如果你有良心的发现，但是第二天依然故我，不对自己的行为进行一些调整，那么这个夜气和平旦之气就会又丢了，最后就是夜气不足以存，良心不足以存了，这样就离禽兽不远了。人们看见你的行为像禽兽一样，就以为你根本就没有人性，实际上这不是你的本性，只不过你没有注意培养它，而这个良心就丢了。

那么如何存夜气、保良心呢？孟子提出了一个养的方法。

故苟得其养，无物不长；苟失其养，无物不消。孔子曰："操则存，舍则亡；出入无时，莫知其乡。"惟心之谓与！

如果能够得到养，什么事物都能够成长，如果失去了养，什么事物都要消亡。孟子的修养思想就是存养思想，要存而养之。这里的"养"实际上就包含了存的意思，所以他在后面提到了孔子的话，"操则存，舍则亡"。"操"和"舍"是说，把它持守起来，它就存在，把它丢掉，也就没有了。

因此，人的本质的实现，实际上是个存养的过程。平旦之气、夜气都存有良心，但是如果你不注意保存，它就丢完了。如果良心都丢完了，那就没有什么养了。可见，人与人在人格和道德上的差异，就在于存养。为什么人要存养？因为人是社会的动物，是环境的动物，由于自身的欲望和发展，在社会中面对利益、诱惑时，要保持自己内心中的善。

究竟怎样才能做到存和养，保持自己的仁义之心，而不丢失呢？总的来说，就是人要静下心来，存夜气，存平旦之气，也就是要"思"。我们要扪心自问，用理性和良知对人的行为进行检讨。

第三十四章　舍生取义

孟子认为，人都具有一种本心，这是对良心范畴的深化。也就是说，和禽兽相比，人更有一种行为的取向。行为的取向不取决于人的口腹之欲，而取决于人的精神追求。在口腹之欲和精神追求之间，人必然面临一系列的选择。在《告子上》第十章中，孟子就讲到了人生的选择。

孟子曰："鱼，我所欲也。熊掌，亦我所欲也；二者不可得兼，舍鱼而取熊掌者也。"

我们经常说，鱼和熊掌不可得兼。鱼和熊掌都是选择，鱼是一种美味，熊掌更是一种美味，但如果只能获得其一的话，我们就要有一个选择了。这是一种物质利益的选择，是一种口腹之欲的选择。在这种情况下，我们往往坚持利益最大化的标准。孟子举这个例子是说，人都有选择，而且在选择的过程中要权衡利益大小。由这个故事，孟子转向了人在精神领域的选择。

生，亦我所欲也。义，亦我所欲也；二者不可得兼，舍生而取义者也。

孟子从对鱼和熊掌的选择的逻辑，来界定生和义的选择。"生"就是生命，"义"是道德的意思。生命是我所要的，生命只有一次，但我们又要道德理性，如果这两者只能取其一的话，孟子认为应该取义。这是一个重要的命题，从人之为人的角度来说，当生命跟道义相冲突的时候，人们应该舍生而取义。舍生取义的典故就由此而来。

同时，孟子认为，舍生取义不仅从逻辑推演上是行得通的，而且在现实中也是可行的。

生亦我所欲，所欲有甚于生者，故不为苟得也；死亦我所恶，所恶有甚于死者，故患有所不辟也。

这句话是对现实情况的描述。通过对现实中人们行为的描述，他认为有些人是这样的:生是他们所要的,但是还有比生命更重要的,所以他们宁可去死,也不去做苟且偷生之事;死是他们所厌恶的,所厌恶的东西如果胜过了死亡,因此就不躲避祸患,去承担这个祸端。也就是说,有比生更重要的事情,有比死更令人讨厌的事情。

孟子通过鱼与熊掌不可得兼的例子,讲到了人们要舍生取义、持守本心。接下来,孟子将继续对这一观点进行阐发。

如使人之所欲莫甚于生,则凡可以得生者,何不用也?使人之所恶莫甚于死者,则凡可以辟患者,何不为也? 由是则生而有不用也,由是则可以辟患而有不为也,是故所欲有甚于生者,所恶有甚于死者。

如果人们所要的没有什么比生命更重要,那么按照这个逻辑推理,凡是可以获得生命的办法,人们都会去使用。如果是没有比死更讨厌的事情,那么凡是可以逃避祸患的办法,人们都会去使用。但实际上有些人不去使用这些办法,这是为什么呢?这其实是对现实的进一步描述。因为现实中有人并不苟且偷生,不去避死。在人们的追求和选择中,有比生更重要的,有比死更令人讨厌的,因此,舍生取义是成立的。

仅仅讲到这个程度,可能还不足以说服人,因为有些人会说只有圣人、君子、贤人能做到,一般人做不到。所以,这个理论还是不彻底的,孟子当然也认识到了这一点。

非独贤者有是心也,人皆有之,贤者能勿丧耳。

孟子说,追求超越于生死之外的心,并不是贤者才有,而是人皆有之。只不过贤人能够把它保持起来,而很多人把它丢失了。那么,为什么人皆有之呢?

一箪食,一豆羹,得之则生,弗得则死,呼尔而与之,行道之人弗受;蹴尔而与之,乞人不屑也。

"箪"是筐。古人装饭用筐,当然这个筐不会太大。"豆"是一种放祭品的容器,里面放的是羹。孟子说,得到了一筐饭或一豆肉汤的食物,你就会活下来,得不到就会饿死。如果有人拿着这些东西,很粗暴无理地招呼路过的饥饿的人,来给他吃,那么这个人是不会接受的。因为你不尊重他的人格,羞辱了他。这说明,即使是最底层的人,他的内心中也是有人格尊严的,而且比生命还重要。连乞丐都有这样的心,可以说人皆有之。

那么,这个"心"是什么心呢?它是一种对尊严和人格的持守,一种对道德理性的追求。我们既要保持,又要追求。这是所有人都懂得的道理,只不过在具体的行为中,有的人把它给丢了,或者并不自觉,而圣人贤者自觉地认识到了,把它保持住了,追求起来了。

孟子一箪食、一豆羹的例子再次重申了舍生取义的中心思想。接下来,孟子引入了一个"本心"的概念,继续对这一思想进行论证。

万钟则不辩礼义而受之,万钟于我何加焉?为宫室之美、妻妾之奉、所识穷乏者得我与?乡为身死而不受,今为宫室之美为之;乡为身死而不受,今为妻妾之奉为之;乡为身死而不受,今为所识穷乏者得我而为之,是亦不可以已乎!此之谓失其本心。

"钟"是一种计量单位。对于有的人,给他一万钟的粮食,他也不讲是不是合乎礼仪就接受了,这对他有什么好处呢?他会提出很多的理由,比如用来建造豪华的住宅,养活妻妾和儿女,分给他所认识的那些贫穷的人而得到他们的赞誉。但是孟子说,过去你为了坚持道义,宁肯死也不接受,但是今天却为了宫室之美,为了妻妾之奉,为了你所认识的贫困的人去夸赞你而接受了,这个事情是不可以做的,这样做就是失其本心。这个"本心"实际上就是我们前头讲的不避死、不苟且偷生的心。它是对良心的深化和扩展,不仅是对道德的认识,而且是一种追求,一种守望。它带有方向性,是动态的,这就是本心。

当然了,不管是良心还是本心,它们都是人内心中所具有的东西,是对道德的一种认识和追求,也都有一个发展的过程。

第三十五章　体有贵贱

在孔子和孟子等儒家先贤的观念当中，最高追求是王道理想的实现，而对于更为普通的人们来说，最高追求则在于保持自己的本心，使之不断提升，从而达到精神上的更高境界。那么，在这个长期而复杂的过程当中，人的内在努力如何与外在影响互动，面对外界的纷繁复杂，人们如何保持自己的本心呢？在《告子上》中，孟子进行了详细论述。

　　孟子曰："人之于身也，兼所爱。兼所爱，则兼所养也。无尺寸之肤不爱焉，则无尺寸之肤不养也。所以考其善不善者，岂有他哉？于己取之而已矣。

　　孟子说，人对于自己的身体是爱惜的，所以就会养护身体，对于自己身上的每一根头发、每一寸皮肤都要细致地去养护。但是，要看他善养还是不善养，养得好还是不好，没有别的办法，就看他到底养什么，出发点是什么，着重点是什么。

　　体有贵贱，有小大。无以小害大，无以贱害贵。养其小者为小人，养其大者为大人。

　　人的身体有各种器官，也就有了大小和贵贱的差别。在这里，实际上孟子是主题先行，其中已经包含了一种价值的评价。也就是说，人体内部的各个部分，有大体有小体，有贵体有贱体，但是哪个是大体，哪个是小体，哪个是贵体，哪个是贱体呢？孟子没有说明白，但是他告诉了我们一个原则：无以小害大，无以贱害贵。不要以小体来损害大体，不要以贱体来损害贵体。他说："养其小者为小人，养其大者为大人。""小人"和"大人"是道德上的小人和君子，"养"是着重的意思。着重地养小体，你就只是个小人；着重地养大体，你就是大人。"养"是说给他提供条件，满足他发展的需求，使他按照自己的逻辑去发展的意思。这个"养"跟我们前面讲的"苟得其养,无物不长,苟失其养,无物不消"的"养"有相同之处。所以,你要善于养,你想成为什么人,就看你怎么养了。

对于以上的观点,接下来,孟子进一步以例证的方式进行论述。

今有场师,舍其梧槚,养其樲棘,则为贱场师焉。养其一指而失其肩背,而不知也,则为狼疾人也。

不去养梧槚这样贵重的树,而是养樲棘这样品质比较低的树,这个园艺师就是品位不高的园艺师,人们就看不起他。如果有人只照顾自己的手指头,把手指头养护得非常好,却不顾肩背,使自己的肩背受到损害和创伤,而自己却还不明白,这就是个糊涂透顶的人。

饮食之人,则人贱之矣,为其养小以失大也。饮食之人无有失也,则口腹岂适为尺寸之肤哉?

饮食之人只管自己的口腹之欲,管自己吃得好。饮食之人哪里有过失呢?如果饮食之人没有过错,那么他满足口腹之欲,难道仅仅是为了嘴和肚子这样小地方的欲望吗?也就是说,如果满足自己的口腹之欲,并且掌握一定的限度,不违反原则,也是可以的,而且养口腹之欲对于身体全面的发展还是有益处的。通过这句话,我们似乎了解到,要培养人的善性,首先要养自己的身体,同时,身体有不同的部分,也分成大体和小体、贵体和贱体,"无以小害大,无以贱害贵"。

孟子讲到培养人的善性的时候,提出一个原则,"无以小害大,无以贱害贵",那么什么是小体,什么是大体?什么是贱体,什么是贵体呢?

在这里,孟子一直没有正面地说明,但是通过最后一句话,我们似乎领悟到了。所谓"小体",就是口腹;所谓"大体",就是人的大脑,就是人的精神和理智。大体就是人的理性器官,小体就是人的感性器官。而且,养大体和养小体并不矛盾,养小体只要保持在一定的限度内就行了,这样也会有益于大。孟子虽然对人的口腹之欲有所贬低,把它认为是小体、贱体,但是并没有否定它们。

孟子认为,对道德理性的培养、对良心本心的培养,应该是一个很具体的过程,可以具体到人的内心深处,具体到人的身体。当然,孟子对人的身体各个部分的分类不如我们现在那么科学,但是他认识到了身体各个部分的差异,并应该注意大小和贵贱,也是难能可贵的。

　　这段话可能是他对学生说的。学生没有听太明白,所以又问他。

　　公都子问曰:"钧是人也,或为大人,或为小人,何也?"

　　孟子曰:"从其大体为大人,从其小体为小人。"

　　学生公都子就问他,同样是人,为什么有的人成为大人,有的人成为小人呢? 孟子说,主要养大体或者以大体为主导,你就是大人;主要养小体,以小体为主导,你就是小人。"从"是以什么为主的意思,要么主要养大体,要么主要养小体。正是你自己的选择,在人与人之间的内心和外界的互动的情况下,就有了不同的结果。

　　曰:"钧是人也,或从其大体,或从其小体,何也?"

　　曰:"耳目之官不思,而蔽于物。物交物,则引之而已矣。"

　　公都子继续问,同样是人,为什么有的人从其大体,有的人从其小体呢? 孟子说,耳目这种器官不具有理性思考的功能,容易被外物所遮蔽,所以它和外物发生联系之后,就很容易被外界的利益、引诱引导着走。

　　孟子的回答比较经典,也比较直白,这是我们理解孟子讲修身养性,应该重点了解的一个问题。耳目鼻口这些器官,看见好看的就高兴,听见好听的也高兴,也喜欢美味,由此生成一种口腹之欲。人为了满足自己的口腹之欲,就要做很多的事情,这是选择小体。还有一个大体叫心之官,古人不知道我们的思维器官是大脑,所以把心作为思维器官。心具有理性思考的功能,能够对人的行为进行制约和引导。耳目之官和心之官具有不同的功能和特点。这里提到了"思","思"是孟子非常强调的。"思"就是理性之思,是一种反思,一种自觉,一种道德主体的确立。耳目这种器官不具有理性思考的功能,就容易被外物所遮蔽,被外界的环境影响而引导。这样,他就失去了理性,而忘乎所以,跟着感觉走,干出很多糊涂的事情。

孟子说,心之官则不然,为什么不然呢?

心之官则思,思则得之,不思则不得也。此天之所与我者,先立乎其大者,则其小者不能夺也。此为大人而已矣。

心之官和耳目之官不一样,它有理性思维的功能,能自觉到人内心中的道德理性。当然,不思则不得,思即得之,这是与生俱来的。如果先养心之官,那么就会有理性思考,也就对自己的行为有了引导和制约,"先立乎其大者,则其小者不能夺也"。也就是说,心之官所获得的道德理性,对耳目之官所生发的感性是一种制约,这样人就不会随着感觉走,不会被动地受外界的影响。

从本源上来说,人是善良的,人具有道德理性,但是要有一个不断发展的过程。在这个发展的过程中,人们要首先确立心之官的思考功能,认识到内心中所存在的道德理性,以此来引导人的发展,这样就能确立正确的成长方向。

第三十六章　天降大任

孟子从人格的塑造、境界的提升、德行的磨炼、行为的养成等多个方面探讨了道德修养的过程。在《告子下》中，孟子提出了一个非常著名的观点，"故天将降大任于是人也，必先苦其心志，劳其筋骨，饿其体肤，空乏其身，行拂乱其所为，所以动心忍性，曾益其所不能。"这段话曾被历史上诸多仁人志士列为座右铭。那么，孟子是如何阐述这个观点的呢？

孟子曰："舜发于畎亩之中，傅说举于版筑之间，胶鬲举于鱼盐之中，管夷吾举于士，孙叔敖举于海，百里奚举于市。"

孟子讲了六个人，他认为这六个人都是从逆境或卑微低贱之中发展起来的。舜是中国传说中的一位圣王，他从尧手里接过了天下，把天下治理得非常好，成为后来儒家所非常欣赏、向往的王道社会。舜最早就是一个日出而作、日落而息的普通农民。不仅如此，他的家庭还很不幸，他非常具有贤德，但是他的父母和弟弟却很不道德。舜得不到父母的理解，非常苦闷，以至于后来当了天子之后，他都不快乐，跑到田野里对着天哭喊，他是很不幸的。但由于他的贤能和高尚的道德，他被尧看中，尧就把天下让给了他，还把自己的两个女儿嫁给了他。可见，舜就是经过自己的努力而成就了一番伟业的人。

傅说也是一个普通人。傅说生活在商朝，而且曾经是一个犯人，从事

傅说

胶鬲

的是泥瓦匠的工作。但是由于他有才华,后来被商王武丁看中,被举荐做商朝的国相。

胶鬲也是这样。胶鬲生活在商纣王时期,海边捕鱼、贩鱼、晒盐,也是一个很普通的老百姓。由于很有才华,他被周文王看中,并被举荐出来。他帮助周武王取得了天下,也得到了自己的位置。

管夷吾就是管仲,齐国的国相。有人说他是中国历史上的第一位名相,因为他辅佐齐桓公成就了霸业。早年的管夷吾就是一个普通的士人,但是很有才华,被齐桓公看中,做了齐桓公的国相。

孙叔敖是楚国的一个士人,一开始没有官可做,后来被人发现了,成了楚庄公的国相。

百里奚是虞国的人,很有才华,但是虞国的国君看不上他,他就离开了虞国。离国之后,他穷困潦倒,以至于用五张羊皮将自己卖身为奴,在市场上给人家打杂。但是,他为秦穆公所欣赏,他就帮助秦穆公治理国家,使得秦国能够迅速地发展起来。

孟子举了这六个人的例子,他们的共同之处在于,尽管出身寒微、几经挫折,但最终都成就了一番大业,名垂青史。于是,孟子得出了"天将降大任于是人"的结论。

故天将降大任于是人也,必先苦其心志,劳其筋骨,饿其体肤,空乏

管仲

孙叔敖

百里奚

其身, 行拂乱其所为, 所以动心忍性, 曾益其所不能。

这是我们经常听到的名言。一个人能够成就一番事业, 是上天看中了他, 把重任交给了他。用我们今天的话来说, 一个人能承担重任, 这是人民和历史的选择。这样的人一定是要受到磨炼的, 要苦恼心志, 要付出辛劳, 使得自己筋疲力尽。所能做的和他想做的总是相悖, 想做的做不了, 不想做的反而做了。身体和精神都要受到磨炼、摧残, 上天要把大任交给他, 一定要先经过这个过程, 然后能让他的精神为之一振, 这样才能坚韧他的性格, 增强他的才干, 坚强他的意志。

这个精辟的论断, 是孟子经过对历史上成功人士的分析归纳总结出来的。那么为什么能够坚韧其性, 能够增益其所不能呢?

人恒过, 然后能改。困于心, 衡于虑, 而后作。征于色, 发于声, 而后喻。

人经常犯错误, 这才能够引起人的警觉, 然后改正错误, 振作起来。这种精神风貌和意志就能够表现在脸上, 或者通过声音表现出来, 然后才能够让别人了解。孟子用"故天将降大任于是人也, 必先苦其心志"的逻辑讲了一个很深刻的道理: 无论谁要想成就一番事业, 一定都是要经过磨难的, 只有通过磨难, 才能够成长, 才能够成熟。

孟子将这一观点推而广之, 认为国家、社会乃至民族同样如此。由此, 他得出了"生于忧患、死于安乐"的观点。

入则无法家拂士, 出则无敌国外患者, 国恒亡。然后知生于忧患而死于安乐也。

对于一个国家, 国内没有讲究法度、讲究规范的臣辅, 这个国家可能就要危险。只有有坚持原则、犯颜直谏的人, 才能够使国君警觉, 少犯错误。在外边没有跟你作对的国家, 那么这个国家也一定会亡, 因为这样的话你就会很安逸放松。这个"法家"不是诸子百家中的法家, 而是法度之臣。"拂"就是辅助的意思, 辅弼之士是那种坚持原则、坚持自己的意见的贤士。

其中的道理与个人的成长是一样的,所以他最后总结说,"生于忧患而死于安乐也"。这又是一个至理名言,它体现了孟子对人生、社会和历史发展规律的深刻认识。那么,孟子的这些观点对我们有什么重要的启发呢?

第一,个人的成长是有规律的,而且一定是要经历各种挫折、磨难的,不是一帆风顺的。所以,在自己成长的过程中,当遇到了挫折、陷入逆境的时候,不要惊慌失措、消沉萎靡,而应该认识到这可能是一生中的重要契机,应该勇敢地面对它,平和地接受它,然后积极地应对。

第二,要时刻保持忧患意识。无论是个人还是组织,都要正确地看待危机。要客观地分析它,要从中看到希望,积极地应对。老子的"祸兮福之所伏,福兮祸之所倚"讲的就是这个道理。在顺利的时候,要看到不顺利;在危难的时候,要正确地面对危难,要把危难看作是一种磨炼的机会,从而以一种积极向上的态度去面对生活。

第三十七章　守其正命

孟子认为，人要有积极的人生态度，从善的本性出发，要"尽心知性"，要"存心养性"，最后成就人生。所谓成就人生，就是不枉走过一生。人的一生要做的事情很多，但是很多时候实现不了，人们就说这是命。命有很多种，有的命我们要实现，有的命我们实现不了，只能顺从。要在这个意义上去分析命，对于不同的命有不同的态度，从而在这个基础上，去实现成功的人生。

　　"命"是儒家思想中一个重要概念，它不是宿命论，也不是消极处事，而是一种积极的观念。在《论语》的最后一章，孔子就提出了"不知命，无以为君子也"的观念，那么孟子对"命"这一观念又是如何论述的呢？

　　孟子曰："尽其心者，知其性也。知其性，则知天矣。"

　　孟子说，尽心而知性。什么叫"尽心"？孟子讲过，人都有恻隐之心，都有仁义之心，有仁义之端，它们存在于人的内心深处。你首先要反省它们，用思想去认识它们，这就是"尽心"。你要思考，然后会"知其性"，知道人的本性是善的。"知其性，则知天矣"，知道了人性也就知道了天，这个"天"就是一种必然，同时也是一种自然。人的善性是人来到这个社会上就自然而然地具有的，"非有外烁我也"，并不是外边给我的，这就是"天"。

　　存其心，养其性，所以事天也。

　　要把仁义之心保存起来，坚持下去，在这个前提之下，我们要培养它。"存其心，养其性"，存心的过程就是养性的过程。要培养善性，经过这样的过程，我的善性就能够成为我心中自然的东西，成为我内在的良心。而这个过程就是我们对待人的自然和必然的态度。人所要做的是"尽心知性，存心养性"，因为这是人的"天"。这是从孟子的理论出发所得出的结论。

> 天寿不贰,修身以俟之,所以立命也。

"天寿不贰"中的"天"就是短命,"寿"就是长寿。人都有寿命,对于寿命的长短,不要过分地去关注,因为即使过分地去关注,也是解决不了问题的。"修身以俟之","修身"就是"尽心知性,存心养性","俟"就是等待。以修身养性来等待生命的大限来临,该做什么做什么,早了我不悲,久了我不喜。这是确立命的正确方法,也是正确的命。

在古人那里,"命"这一概念的具体内涵是什么呢?古人说,"节遇之谓命","节"是节制、约束的意思,"遇"是偶然的意思。也就是说,"命"一方面是指对人的一种限制;另一方面是指有一些事情是偶然的,没有想到它会发生。怎样去确立应有的命,是需要做的事情。我们要做的就是"修身以俟之",这是正确把握命运的方法。

> 孟子曰:"莫非命也,顺受其正。是故知命者不立乎岩墙之下。"

孟子说,人生没有什么不是命决定的。这看起来好像是宿命论,但实际上是对人的发展的必然性的一种认识。也就是说,孟子认为人的发展处处受到必然的限制;有理性的必然,有盲目的必然,但是不管是什么必然,都是"命"。要正确地对待命,就要"顺受其正"。命有正命,要顺受正命。所以,知道自己命的人是不会站在将要倒塌的墙下的。因为知命,再站在快要倒塌的墙下,就是把自己置于危险之中。知命就要爱惜自己的生命,做自己该做的事情。

> 尽其道而死者,正命也。桎梏死者,非正命也。

"尽其道而死者","道"就是人生之道,在孟子那里就是修身养性,追求圣人君子的境界。到最后一刻都要坚持这个道,这就是正命。因为违背了社会的规则和道德,受到社会的惩罚而死,这就是非正命。

这些都是命,但是对命要有一个正确的态度,要"顺受其正"。"立命"就是立正命,不要有非分之想,违反道德原则,这样度过自己的一生就是正命。

孟子曰:"求则得之,舍则失之,是求有益于得也,求在我者也。求之有道,得之有命,是求无益于得也,求在外者也。"

孟子的论述是建立在对人的发展欲望实现的可能性进行分析的基础之上的。人的欲望是无止境的,但是人的欲望的实现却不是无止境的。有些东西寻求就可以得到,不寻求就会失去,这是有益于收获的寻求,因为所追求的东西是内在于自身的。追求有一定的方法,能否得到却取决于命运,这是无益于收获的寻求,因为所寻求的东西是外在的。

正因为人所追求的有内在和外在的东西,所以就有了正命和非正命的问题,所以人要有立命,就要"顺受其正"。那么什么是内在的,什么是外在的呢?

孟子曰:"万物皆备于我矣。反身而诚,乐莫大焉。强恕而行,求仁莫近焉。"

这句话说得很豪迈,后人也有很多的非议。孟子所说的"万物皆备于我",是说那种善和良知良能我有,这样一种仁和义是人与生具来的,这是本然地具备在我心中的。当反省自身,认识到了自身所具备的善以后,我感觉很快乐。勉励自己依从推己及人的恕道行事,这是最近的求仁之路了。"强恕而行,求仁莫近焉","强"就是努力的意思,"恕"就是将心比心,把内心中的东西全部推举出来。这就解决了什么是内在的问题。寿夭富贵的东西是外在的,这些方面我们做不了自己的主人。而追求内在的东西,追求正命是可以做自己的主人的,就是要"修身以俟之"。

孟子这几段文字给我们描绘了一套完整的人生哲学,归纳起来就是"尽心知性,存心养性"。但是,依然有不少人对孟子过分强调内修的观点表示怀疑。孟子的这种人生哲学究竟有没有片面之处呢?

孟子给我们指出的人生之道好像是很苍白的,他只告诉我们要修身养性,到最后可能什么都得不到,让人很不甘心,这也可能是孟子思想的片面之处。但是不管怎么样,孟子给我们指出了这样一条从人的本质出发的正确的道路。

　　道家讲的精神快乐是一种精神快乐法,而儒家讲的精神快乐是一种追求人格、磨炼人性、提升境界的道路,这种道路可能更实在些。要遵循这条道路,可能就需要一定的修养,否则是不可能走这条道路的。

第三十八章　君子本性

圣人代表儒家观念中人格的最高层次，孟子曾对历史上的诸多人物进行过评述，认为伯夷、伊尹、柳下惠等人都各得圣人之一端，而孔子则是道德方面的集大成者。德行修养仅次于圣人的是君子，他们距离常人更近一步，并用自己的一言一行传播道德、教化民众。那么君子具备什么样的人格呢？他们的所乐所欲又是什么呢？在《尽心上》中，孟子进行了论述。

孟子曰："君子有三乐，而王天下不与存焉。"

孟子说，君子有三种快乐，但不包括以德服天下。作为君子，他也可以成为圣人或王，但是孟子认为，君子的快乐应该不包括王天下。这种说法令我们深思。孟子在这里讲的君子，应该是更平和的人。对于君子来说，最重要的是在日常的生活中做出不平凡的事，做出令人叹服的事。

父母俱存，兄弟无故，一乐也。

孟子讲的君子三乐，首先是家庭方面。君子应该遵守孝悌之道，当他的父母都健康地活着，兄弟都没有什么灾难的时候，他是感到很快乐的。君子的快乐就在身边，只不过一般的人不把它当作快乐。而君子希望家庭和美，父母健康，兄弟没有灾难。孟子把这一点当作君子的一大快乐，应该说是着眼于社会的最基本单元的，只有家庭和美了，国家才能够安宁。

仰不愧于天，俯不怍于人，二乐也。

第二种快乐是从宏观的角度来讲的。对所有的人，对所有的事，甚至在君子回忆自己一生走过的路的时候，他都能够自豪地说，我仰不愧于天，俯不怍于人，这是第二种乐事。对任何人，对任何事情，在任何时候都无愧于心、胸中坦荡，要做到这一点很难。可见，君子之谓君子是不容易的。

得天下英才而教育之，三乐也。君子有三乐，而王天下不与存焉。

得到天下的英才而教育他们，这是第三种快乐。这是一种很值得回味的快乐,这是不容易实现的。君子有深重的社会责任感,需要培养很多的人才,去扶危救难,而且他们也都有很多的思想,要传播道义,就要得天下之英才。十里挑一的人才叫作"英",百里挑一的人才叫作"杰",所以英才就是突出的人才。

孟子所说的君子三乐看似平常,实际上并不容易实现。第一种快乐"父母俱存,兄弟无故"就很难做到,特别是在孟子所处的战乱时代。第二种快乐更难,要获得这种快乐,可能需要一生的时间克己自律。第三种快乐也很难,能得到英才而教育之并非易事。由此,我们看到在孟子的眼里,君子之谓君子,非同小可,没有高深的修养、坚韧的毅力,并经过长期的过程,是不可能做到的。

当然,孟子对君子的描述不仅于此,孟子还讲到君子的欲望和快乐之间的关系。

孟子曰:"广土众民,君子欲之,所乐不存焉。中天下而立,定四海之民,君子乐之,所性不存焉。"

孟子说,拥有广大的土地、众多的人民,是君子所希望得到的,但是他们的快乐并不在此;君临天下,居于天下之中,安抚百姓,君子以此为乐,但他们的本性不在于此。

这里需要说明的是王天下不在三乐之中,但是孟子并没有说王天下不在君子的快乐之中。所以他说,"中天下而立,定四海之民,君子乐之",这也是快乐。不过,这个快乐比起三乐来,是其次的了。虽然是快乐,但是君子不以此为本。那么君子的本性是什么呢?

君子所性,虽大行不加焉,虽穷居不损焉,分定故也。

君子的本性是不受外界影响的。即使他的思想主张大行于天下,中天下而立,定四海之民,他以此为根本的东西也并没有因此而增加什么。即使困窘隐居,他的本性也不因此而减损,因为他的本分已经确定。君子的本性不因外界的得失、心情的悲喜而有变化。这句话就告诉我们一个道理，君子是要立志的，一旦立志，就不会改变。那君子的本性是什么呢？

君子所性，仁义礼智根于心，其生色也睟然，见于面，盎于背，施于四体。四体不言而喻。

君子以仁义礼智之善作为自己的本性。正因为以此作为根本，通过长期的修养，君子就把这种仁义礼智之善内化为身体的一部分了，成为他固有的良知良能。君子无论做什么，仁义礼智之善都能自动地引导着他的行为，这样才能够以一种温润清丽的形象表现出来，表现在他的面貌上，表现在他的言语上，实现在他的行为上。这是一种自动的过程，一投足一抬手都自觉地符合仁义礼智之善。

君子的高深之处正在于他的定位以仁义礼智为根本。作为君子，他也要得天下之英才而教之。对此，孟子也进行了一番论述。

孟子曰："君子之所以教者五：有如时雨化之者，有成德者，有达财者，有答问者，有私淑艾者。此五者，君子之所以教也。"

孟子说，君子教育人的方法有五种。第一种，像及时雨一样滋润万物，在学生产生困顿的时候进行点拨。第二种，帮助成就德行，进一步提升学生的道德。第三种，培养才能。"财"是才能的才，"达财"是说学生有他的才能，老师要因势利导去发展他、完善他，使他的才华得到提高。第四种，解答疑问。学生有问，我就答；学生没问，我就不答。在讨论之中，对学生进行教化。最后，凭借学养而使人私下受到教诲。"淑艾"就是捡拾或者私下里向人学习的意思。比如君子有了声望，受到大家的认同和崇拜，很多人由于种种原因，不可能成为他的学生，只有私下里来学习，这也是一种教育方法。

君子之所以能够以灵活、多元的教育方法学生，仍然要归结于他高深的造诣，尤其是道德方面的造诣。由此看来，君子之谓君子，确实了不得。

第三十九章　孟子的历史观

圣人和君子是孟子眼中的理想人格。他们或引领着时代的潮流,或传递着道德之善。在他们的努力之下,人类的历史向前发展。因此,在孟子等儒家的思想家那里,人类历史的发展实际上就是圣人君子代出的历史。这就涉及了孟子的历史观。我们就用几则材料来看看,孟子对历史是怎样认识的,对历史的演变又是怎么解释的。

孟子曰:"春秋无义战,彼善于此,则有之矣。征者,上伐下也,敌国不相征也。"

孟子说,《春秋》所记载的战争,没有一场是正义的。周天子建立了这样的天下,用《诗经》上的话来说,"普天之下,莫非王土;率土之滨,莫非王臣"。周天子是天下的共主,各地的诸侯要向周天子称臣,周天子要按时巡守。这是一个上对下的统领关系。天下出现了战乱或不道,由周天子率领诸侯去讨伐,这样的战争是正义的战争。诸侯国之间的战争,按照孟子的说法,大多是不正义的,因为相互独立的国家之间没有讨伐和征伐的权利和义务。上征伐下才是正义的战争。这是孟子对历史的评价,是以儒家固有的标准去评价的,这个标准就是周礼。

孟子曰:"尽信《书》,则不如无《书》。"

这句话我们现在经常说,但是孟子在这里说的《书》是《尚书》,就是五经之一的《尚书》。《尚书》是夏、商、周三代的典章制度的汇编,通过它可以了解到夏、商、周三代的很多政治、军事、文化、思想。孟子说,读《尚书》的时候,你也不能全信。

吾于《武成》,取二三策而已矣。仁人无敌于天下。以至仁伐至不仁,而何其血之流杵也?

他举了一个例子。对《武成》这一篇,我只信二三策罢了。一策就是竹简，一策上有一二十个字。因为《武成》这一卷是讲周武王攻打商纣王的事情。这里面曾经写到这么一段话：攻打商纣王的战争非常残酷，人死了很多，流的血把杵都漂起来了。杵就是洗衣服、捣衣服时用的木棒。书上的记载也是夸大的，可能是一种文学的描写，但是即使这样，孟子也认为是不可以的。因为周文王、周武王是最仁厚的君主，他们替天伐不道，以最仁的君主率领正义之师去讨伐最残暴的不仁之人，还能流那么多血吗？通过这段文字，我们了解到，孟子对于历史事件的评价有自己的一定之规。这个一定之规仍然是仁义之道。

同时，孟子在当时四处奔走，与其他各家进行了广泛辩论来宣传儒家思想，给人们留下了好辩的印象。在《滕文公下》中，公都子就这一问题向孟子进行了讨教。

公都子曰："外人皆称夫子好辩，敢问何也？"孟子曰："予岂好辩哉？予不得已也。天下之生久矣；一治一乱。"

公都子说，人们都说你好辩，是这样吗？孟子说，不是偏爱辩论，我是不得已啊，因为我要捍卫孔子的思想。人类历史已经有很长的时间了，在这样漫长的发展过程中，总是治乱交替。"治"是天下很有秩序，很安定；"乱"是天下大乱，战争不断，君主残暴等。在孟子看来，历史发展到他那里，呈现出这样一种规律：治乱是交替进行的。对此他做了一个简单的描述，从描述中我们可以看到他对历史的看法。

当尧之时，水逆行，泛滥于中国……使禹治之。禹掘地而注之海……尧、舜既没，圣人之道衰，暴君代作……及纣之身，天下又大乱。周公相武王诛纣。

尧、舜是圣王，但尧、舜的时候也出现了很多问题，最重要的问题是洪水泛滥，人们居无定所。尧就派禹来治水，禹就顺着水的走势，修了很多河，把洪水引到了海里，天下平定了。尧、舜之后，天下又乱了，暴君代出，他们荒废农田来建园林，老百姓冻饿离散。到了商纣王的时候，天下又乱了,此时出现了周文王、周武王,周文王经过艰苦的创业,奠定了基础,周武王继承周文王的遗志,率领天下的诸侯讨伐商纣王,建立了一个秩序安定、文化昌明的周王朝。

世衰道微,邪说暴行有作……圣王不作,诸侯放恣,处士横议,杨朱、墨翟之言盈天下……我亦欲正人心,息邪说,距诐行,放淫辞,以承三圣者。岂好辩哉! 予不得已也。能言距杨、墨者,圣人之徒也。

后来,秩序又乱了。世道衰落,道义微茫,邪说暴行出现。这个时候没有圣王出现,而出现了孔子。孔子不是王,但是孔子有拯救天下的抱负,他就修订《春秋》这部书。修史一定是要天子来修的,但是天下的君主都是暴君,孔子只得自己修订《春秋》了。他通过修订《春秋》,对天下的事情进行评价,这就叫微言大义。孔子以此力图对天下的安定有所帮助。

到了孟子的时代,天下更乱了。诸侯放肆纵恣,一般读书人也乱发议论,天下的学说都被杨朱、墨翟这几派垄断了,他们的学说又与儒家思想格格不入。所以孟子说,在这个时候,我就要承担起捍卫周文王和周武王、捍卫孔子儒家原则的责任,就要批判墨家和杨朱的思想。他讲这段文字,实际上就是来说明历史的发展是治和乱循环往复的过程。天下治乱循环往复人格化以后,就成了圣王暴君交替出现的过程,历史的发展又归结为圣人君子代出的过程。

杨朱

墨翟

我们曾经提到孟子的一个观点:"五百年必有王者兴,其间必有名世者。"在《孟子》的最后一章,孟子系统地罗列了一个圣人的谱系,再次重申了他的这一思想。

孟子曰:"由尧、舜至于汤,五百有馀岁。若禹、皋陶,则见而知之。若汤,则闻而知之。由汤至于文王,五百有馀岁。若伊尹、莱朱,则见而知之。若文王,则闻而知之。由文王至于孔子,五百有馀岁,若太公望、散宜生,则见而知之。若孔子,则闻而知之。"

孟子说,从尧、舜到商汤王有五百多年。禹、皋陶处在尧、舜时代,能直接看到尧、舜的做法,而商汤王与之相距五百余年,对于尧、舜的事迹只是听说。从商汤王到周文王,又是五百余年。伊尹、莱朱都亲历了商汤王的治国过程,而周文王则只是闻而知之。由周文王至于孔子,又是一个五百年。太公望、散宜生亲自辅佐周文王成就一番事业,对周文王的事迹是直接见到的,而孔子则只是间接听到而已。

由孔子而来至于今,百有馀岁。去圣人之世,若此其未远也。近圣人之居,若此其甚也。然而无有乎尔,则亦无有乎尔!

从孔子时期到孟子时期仅有一百多年。但是孟子认为也应该有圣王或者贤臣的出现。因为他认为孔子也是像尧、舜那样的圣人,当时距离孔子的时代这么近,特别是他居住的地方离圣人居住的地方是如此近,竟然没有圣人贤臣出来,很可惜。在这个深深的遗憾之外,我们可以隐隐约约地感觉到,孟子意欲当仁不让,当然他没有贸然地说出来。这样,孟子就比较系统地勾画出了一个圣王的谱系,这是基于他对历史的认识的,基于治乱交替、圣王代出的历史规律的。

他对历史的这种看法对于后人的影响是很大的。从唐代的韩愈到北宋的二程,再到南宋的朱熹,孟子的历史观逐渐地发展成了儒家的道统观念。人类的历史就是追求善的历史,是人们修身向善的历史,也是圣人引领人们实现善的历史。这就是孟子的历史观。

（京）新登字083号

图书在版编目（CIP）数据

仁者无敌：张奇伟教授解读《孟子》/北京新知堂传媒科技有限
公司策划. —北京：中国青年出版社，2016.7
（传统文化经典　当代名家解读）
ISBN 978-7-5153-4373-0

Ⅰ.①仁...　Ⅱ.①北...　Ⅲ.①儒家②《孟子》—通俗读物
Ⅳ.①B222.5-49

中国版本图书馆CIP数据核字（2016）第173584号

出版发行：中国青年出版社
社　　　址：北京东四十二条21号
邮政编码：100708
网　　　址：www.cyp.com.cn
编辑电话：(010)57350383
责任编辑：沈谦　宣逸玲　sq-bs@163.com
门 市 部：(010)57350370
印　　　刷：三河市君旺印务有限公司
经　　　销：新华书店

开　　　本：700×1000　1/16
印　　　张：15
插　　　页：2
字　　　数：190千字
版　　　次：2016年8月北京第1版河北第1次印刷
定　　　价：39.00元

本图书如有印装质量问题,请凭购书发票与质检部联系调换
联系电话：(010)57350337